조선왕조에 핀 마지막 불꽃
명성황후

■ 일러두기
명성황후는 대한제국에서 명성이라는 시호를 얻어 탄생한 이름입니다. 그러므로 대한제국 전까지의 이야기를 다룬 이 책에서는 명성황후가 민비라는 이름으로 나옴을 알려 드립니다.

조선왕조에 핀 마지막 불꽃

2011년 2월 25일 초판 1쇄 발행
2018년 1월 12일 초판 4쇄 발행

글 김은희 / 그림 박경권
펴낸이 이철규 / 펴낸곳 북스
편집 김세영 / 편집디자인 박근영 / 마케팅 이종한

편집부 02-336-7634 / 영업부 02-336-7613 / FAX 02-336-7614
홈페이지 http://www.vooxs.kr / 등록번호 제 313-2004-00245호 / 등록일자 2004년 10월 18일

주소 서울특별시 광진구 동일로 4길 32 2층
값 9,800원
ISBN 978-89-6519-014-1 74800
　　　978-89-91433-70-0 (세트)

잘못된 서적은 구입하신 서점에서 교환하여 드립니다.
이 책은 저작권법에 의해 보호를 받는 저작물이므로 불법 복제와
스캔 등 무단 전재 및 유포·공유를 금합니다.

조선왕조에 핀 마지막 불꽃
명성황후

글 김은희 그림 박경권

명성황후의 **열정**이 살아 **숨 쉬는 조선으로** 떠나요!

조선왕조에는 여왕이 없습니다. 하지만 그에 필적하는 단 한 명의 여인이 있지요. 바로 이 책의 주인공 명성황후입니다.

명성황후, 즉 민자영은 서구 열강들이 산업혁명으로 쌓인 부와 신식 화기로 무장한 군사력을 바탕으로 호시탐탐 동아시아를 노리던 시기에 어떻게든 조선을 지켜 내려 했던 왕비입니다.

하지만 그것은 결코 쉬운 일이 아니었지요. 그녀가 살던 시기는 '남녀칠세부동석'이니 '남녀유별', '부부유별' 같은 유교사상이 여인에게 강요되던 시기였으니까요. 호랑이 같은 대원군과 일본군이 목숨을 위협하는 상황에서 그녀는 어떻게 어려움을 헤쳐 나갈까요?

  드디어 마음을 연 지아와 한별 앞에 또 다른 어려움이 닥쳐오지요. 바로 지아 할아버지의 완강한 반대!
  하지만 너무 걱정하지 마세요. 한별과 지아의 서로를 향한 마음은 누구보다 우리가 더 잘 알고 있으니까요.

  아쉽게도 이 책은 지아와 한별과 함께 떠나는 마지막 여행이기도 합니다. 여왕들과의 여행이 끝나 서운하시다고요? 그런 분들은 책을 끝까시 읽어 보세요. 지금까지와는 전혀 다른 새로운 친구가 여러분을 기다리고 있을 테니까요.

  자, 그럼 우리에게 너무나도 익숙한 조선으로 떠나 볼까요?

행복을 꿈꾸는 동화작가 김은희

차례

머리말_ 명성황후의 열정이 살아 숨 쉬는 조선으로 떠나요! …6

할아버지는 너무해! …10

명성황후 민자영이라구? …27

극적인 재회 …59

푸른 눈의 오버쟁이 의사 알렌 …82

며느리와 시아버지의 불꽃 대결 ···103

갑신정변, 그 최후의 3일! ···126

1895 을미년, 비극이 시작되다 ···142

네 곁을 지키기 위해서라면 ···172

그동안 행복했어! 거울아, 안녕! ···195

부록_ 조선왕조 최고의 여성 정치가, 명성황후 ···213

할아버지는 너무해!

한 회장의 노여움으로 집안은 살얼음판이었다. 지아와 한별의 폭탄 선언에 그는 잦던 출장도 모두 뒤로 미룬 채 연일 싸늘한 눈빛을 뿌려 댔다. 가뜩이나 차가운 날씨에 바람까지 스산하게 불어 집안은 눈보라라도 몰아칠 것만 같았다. 하녀들과 요리사, 운전기사는 물론이고 항상 여유 있는 표정으로 완충 역할을 해 주던 집사마저도 슬금슬금 한 회장의 눈치만 살폈다.

그 중에서도 가장 불편한 사람은 당연히 한별이었다. 한 회장은 우연이라도 그와 마주치면 싸늘한 비웃음이 깃든 눈초리로 그를 쏘아보았다.

"네까짓 게 지아와 사귄다고?"

그럴 때마다 한별은 가슴을 펴려고 노력했다. 입술을 깨물고 주먹을 꽉 움켜쥔 한별의 노력은 곁에서 보는 사람들의 눈에도 빤히 보일 정도였다.

지아도 불편하기는 마찬가지였다. 한 회장의 냉랭한 눈빛은 친손녀

라고 예외가 아니었다. 지난 몇 달 동안 지아의 노력이 허사가 된 듯 지아를 보는 할아버지의 눈빛은 전보다 몇 배는 더 차가웠다.
"이대로는 도저히 못 참아."
치밀어 오르는 화를 꾹꾹 참고 또 참던 어느 날, 지아는 쾅, 하고 책상을 내려쳤다. 아무리 생각해도 할아버지의 행동은 지나친 간섭이었다.
지아가 폭발하려던 순간, 집사가 방문을 열었다.
"아가씨, 회장님께서 찾으십니다."

한 회장의 서재에는 이미 한별이 도착해 있었다. 지아는 무슨 일이냐는 듯 눈을 동그랗게 뜨고 그를 바라보았다. 하지만 영문 모르기는 한별도 마찬가지였다. 그는 어깨를 한 번 으쓱해 보였다.
한 회장은 마치 둘의 존재를 무시하기로 작정이라도 한 듯 책상 위에 쌓인 서류들만 심각한 얼굴로 바라보고 있었다.
그렇게 십 분쯤 흐르자 지아가 불만 가득한 얼굴로 입을 열었다.
"하실 말씀 없으시면……."
"좋다. 너희 둘이 서로 좋아한다면 사귀어라. 굳이 반대하지 않겠다."
갑자기 흘러나온 한 회장의 목소리에 지아와 한별은 흠칫 놀랐다. 그리고 자신들의 귀를 의심했다.
"네? 뭐라고요?"
"반대하지 않겠다고."
한 회장이 다시 한 번 조금 전 말을 반복했다. 지아와 한별은 눈을 동그랗게 떴다가 이내 환한 미소를 지었다. 하지만 그 미소는 그리 오래

가지 않았다.

"단, 나도 이대로 물러설 수는 없으니 한 가지 조건을 걸겠다."

"조건이라고요?"

이유 모를 불안감으로 지아의 얼굴이 살짝 굳어졌다. 한 회장은 그런 지아를 보며 슬쩍 한쪽 입꼬리를 치켰다. 그리고는 한별을 똑바로 가리키며 말했다.

"네가 지아에게 어울리는 녀석인지를 나에게 증명해 보여라."

한별은 어리둥절한 얼굴로 되물을 수밖에 없었다.

"제 가치를 증명하라고요? 어떻게요?"

"그렇게 거창한 건 아니야. 그저 또래 아이들보다 네가 조금 더 낫다는 것만 보여 주면 된다. 마침 딱 좋은 기회가 있구나."

한 회장의 입가에 걸린 웃음이 조금 더 짙어졌다. 그리고 잠시 후, 지아의 입에서 날카로운 고함이 터져 나왔다.

"YPO에서 일 등을 하라고요? 말도 안 돼요!"

"쟤 도서히 불가능하다 이거냐?"

되묻는 한 회장의 얼굴에는 조롱기가 가득했다. 그제야 지아는 그가 자신과 한별의 사이를 인정할 생각이 조금도 없음을 깨달았다.

"할아버지는 처음부터……."

"하겠습니다."

지아가 입을 여는 순간, 한별이 재빨리 외쳤다. 지아는 황당하다는 얼굴로 한별을 돌아보았다.

"너 미쳤어? 그게 무슨 뜻인지나 알고 하는 말이야?"

한별은 입술을 깨물며 말했다.
"몰라. 하지만 그게 뭐든 회장님께서 날 인정해 주실 기회야. 도망가지 않겠어."
"이 바보야! 이건 그런 차원이 아니란 말이야."
한 회장은 한별이 대답을 하는 순간 이미 음흉스럽게 웃고 있었다.

"이 멍청아! 넌 할아버지의 술수에 보기 좋게 넘어간 거라고!"
한별을 방으로 질질 끌고 온 지아는 바락바락 소리를 질렀다. 한별은 한별대로 입을 쭉 내밀고 말했다.
"뭐야? 너도 나 무시하냐? 나도 한다면 하는 녀석이야. 이래 봬도 1학년 때는 반에서 일 등도 한 번 해 봤다고. 무, 물론 쪽지시험이었지만."
"에휴, 내가 못 살아. 일단 YPO가 뭔지 설명부터 하는 게 빠르겠다."
지아는 땅이 꺼져라 한숨을 내쉬었다.
"잘 들어. YPO는 Young Power's Organization의 약자로, 잘 나가는 재벌 2세들이 겨울이면 한곳에 모이는 캠프 비슷한 거야."
"캠프라면 더 잘 됐네. 나 보이스카우트 에이스야."
"그런 차원이 아니라니까. 좀 들어 봐!"
지아는 진짜 화가 난 듯 빽, 소리쳤다.
YPO는 한국뿐이 아니라 미국과 일본 등 범태평양 지역의 재벌 2, 3세들만이 모이는 폐쇄적인 모임이었다. 어린 아이들이라고는 해도 몇 개 국어에 능숙한 것은 기본이었고, 온갖 음모와 계략이 난무하는 말 그대로 살벌한 전쟁터였다.

"몇 개 국어? 난 우리나라 말도 가끔 헷갈리는데?"

한별은 입을 쩍 벌리며 지아에게 물었다.

"너도 참석한 적 있어?"

"부모님이 돌아가시기 전에 몇 번 정도. 참고로 나도 일 등은 한 번도 못해 봤어."

"너처럼 대단한 애가?"

"거기 모이는 애들은 하나같이 괴물들이거든. 속에 구렁이가 열 마리쯤은 들어앉은."

지아는 지금 생각해도 질린다는 듯 어깨를 한 차례 털어 냈다. 그리고는 진지하게 말했다.

"이제 할아버지가 얼마나 얼토당토않은 요구를 한지 알았지? 다른 조건으로 바꾸든가 아니면 아예 무시……."

"그래도 할래. 아니, 하고 싶어."

한별이 지아의 말을 자르며 힘주어 말했다.

지아는 화난 듯 눈을 위로 뜨며 외쳤다.

"여태 설명했잖아! 너 미쳤니?"

"미치지 않았어. 방법이 이것뿐이라면 선택의 여지가 없잖아."

한별의 목소리는 의외로 담담했다. 지아는 다시 한 번 길길이 날뛰었지만 끝내 한별의 생각은 변하지 않았다.

그날 밤, 한별을 포기시키는 대신 지아는 한 회장을 찾아갔다. 막 침대에 누우려던 한 회장은 지아의 방문에 의아한 표정을 지었다.

지아가 먼저 말문을 열었다.

"할아버지가 어떤 생각인지 다 알아요. 거기 가서 망신 당하는 한별을 보면 제 생각이 달라질 거라 생각하시는 거죠?"

한 회장은 부인할 생각이 없다는 듯 순순히 고개를 끄덕였다.

"더 정확히는 그 녀석에게 자기 주제를 알려 주려는 의도가 더 크지만 그런 면도 없지 않지."

"그건 할아버지의 착각이에요. 한별인 절대로 그런 걸로 기가 죽을 애가 아니니까요. 그리고 제가 한별이를 좋아하는 건 바로 그 애의 그런 당당함 때문이에요. 그러니까 거기서 어떤 일을 겪든 변하는 건 아무것도 없어요."

지아는 그렇게 쏘아붙이듯 말하고는 그대로 뒤돌아 방을 나갔다.

"닮았어. 너무 닮았어."

허리를 꼿꼿이 세우고 방을 나가는 손녀를 바라보던 한 회장이 골치가 아프다는 듯 이마를 짚었다. 어느 날인가 예쁘장한 시골 처녀를 데리고 와서는 죽어도 결혼하겠다며 바락바락 대들던 아들이 떠올라서였다.

"정말이지 너무 닮아서 골치가 아프군."

추억에 빠진 듯 한순간 그의 입매가 부드럽게 풀어졌다.

다음 날, 교실에 들어선 지아의 입에서 가벼운 한숨이 흘러나왔다. 새벽같이 학교에 갔던 한별이 평소에는 거들떠보지도 않던 책을 펼쳐 놓고 앉아 있었기 때문이었다. 한별은 세상에서 가장 어려운 암호를 해독하고 있는 듯 얼굴을 찌푸린 채 연필을 질겅질겅 씹어 댔다.

그런 한별의 주위에는 반 친구들이 빙 둘러 서 있었다. 그들은 신기한 동물이라도 발견한 것처럼 호들갑을 떨었다.

"네가 웬일이냐? 방학을 앞두고 공부라니?"

"너무 추워서 머리가 살짝 이상해진 거 아닐까?"

"안 어울리게 그러지 말고 축구나 하자, 축구."

"이것들이 진짜……. 맘 잡고 공부 좀 해 보겠다는 친구를 도와줄 생각은 못하고. 저리 안 가?"

고개를 번쩍 쳐들고 버럭 소리치던 한별의 눈과 지아의 눈이 허공에서 마주쳤다.

"지, 지아야."

한별은 어색한 미소를 지으며 펼쳐 놨던 책을 덮으려 했다. 하지만 그보다 지아가 더 빨랐다.

"뭘 감추고 그래? 어디 좀 봐. 「일주일이면 누구나 다 되는 생활영어」? 이게 대체 뭐야?"

한별은 얼굴을 붉히며 변명하듯 말했다.

"아니, 영어로 인사쯤은 해야 할 것 같아서. 미국에서 오는 애들도 있다며?"

지아는 못 말리겠다는 듯 한숨을 푹푹 내쉬며 말했다.

"어휴, 이런 거 필요 없어. 걔들 다 한국말 잘해. 그리고 이렇게 책만 읽는다고 갑자기 영어가 술술 나오겠니?"

지아의 핀잔에 한별은 입술을 삐죽였다.

"잘해 보려고 노력하는 중이란 말이야. 칫."

"어휴, 정말…… 알았어. 내가 매일 방과 후에 특별히 과외 해 줄게."

지아의 말에 다른 친구들은 부러운 눈으로 한별을 바라보았다.

"우와, 지아가 과외를……!"

"지아야, 나도 어떻게 껴서 안 될까? 진짜 듣고만 있을게."

하지만 당사자인 한별은 뜻밖에도 고개를 저었다. 그는 지아의 손에 들린 영어책을 다시 받아 들며 말했다.

"고맙지만 사양할래."

"뭐?"

지아가 눈을 동그랗게 뜨고 되물었다. 주위의 친구들도 헉, 소리를 냈다.

"뭐야? 너 미쳤냐?"

"강한별! 네 주제에 무슨 거절이야?"

"이번만큼은 네 도움 없이 나 혼자서 해 보고 싶어. 혹시 알아? 정말 일 등 할지."

한별의 고집에 지아는 기어이 짜증을 냈다.

"벌써 말했잖아! 그건 절대 불가능하다고. 그리고 애초에 그럴 필요도 없고. 이건 그냥 할아버지의 심술일 뿐이야."

"난 필요 있어. 난 항상 네 도움만 받았잖아. 그러니까 이번 한 번만이라도 내 힘으로 뭔가를 할 수 있다는 걸 확인하고 싶어."

"네가 왜 한 게 없어? 내 목숨을 구해 준 것만도 벌써 몇 번인데!"

어느새 지아의 목소리는 높아져 있었다. 반면 툭하면 흥분하는 한별은 평소와는 달리 차분한 음성으로 대꾸했다. 두 사람 사이에 오가는 심상치 않은 대화와 분위기로 친구들은 이미 입을 꾹 다물고 눈치만 살피는 중이었다.

 한참 동안 씩씩대다가 문득 주변의 뜨거운 시선을 느낀 지아는 고개를 절레절레 저으며 자리에 앉았다. 한별은 다시 보던 책을 펼쳐 놓고 씨름을 계속했다. 둘이 침묵하자 다른 아이들 역시 슬그머니 제자리로 돌아갔다.

 그날 하루 종일 지아의 표정은 좋지 않았다. 애초부터 한별의 노력이 무의미한 것임을 너무나도 잘 알고 있었기 때문이었다. 안타까운 마음에 자신도 모르게 짜증이 튀어나왔다.

 "고집불통!"

 그날 이후 한별 때문에 반 전체, 아니 학교 전체가 벌집을 들쑤신 듯 시끄러웠다. 축구부 주장이 난데없이 공부만 하는 바람에 시합이며 훈련을 앞둔 축구부원들이 쉬는 시간마다 우르르 떼 지어 그에게 몰려왔고, 종례 시간에는 축구부 감독님과 체육 선생님이 직접 쳐들어오기도 했다.

 "한별아, 갑자기 왜 이러니? 오늘 시합, 얼마나 중요한지 알지? 응?"

 하지만 한별의 태도는 완강했다.

 "선생님, 저 당분간 공부에 목숨 걸었다니까요."

 하지만 말과는 달리 책장은 좀처럼 넘어갈 생각을 하지 않았다. 당연히 한별의 표정은 좋을 수가 없었다. 시시때때로 교실 바닥이 꺼져라 한숨을 쉬는 건 기본이고 가끔은 쿵쿵, 책상에 머리를 찧기도 했다. 웃음을 잃은 한별은 친구들이 말을 걸어와도 시큰둥하게 대꾸했고, 나중에는 짜증을 내기도 했다.

"지아야, 도대체 한별이 쟤 왜 저래?"

"그러니까. 원래 방학하기 전 이맘때는 완전 물 만난 오리처럼 날뛰는 녀석이었는데."

"집에 무슨 일 있냐?"

한별에게 면박을 당한 친구들은 지아에게 몰려들었다. 지아는 설명 대신 한숨을 푹 내쉬며 자리에서 일어났다. 그리고는 혼자 인상을 벅벅 쓰고 있는 한별의 책상 앞에 섰다.

턱!

지아의 손이 이리저리 어지럽게 연필선이 그어진 공책 위를 덮었다.

"또 누구…… 아, 지아구나?"

눈썹 사이를 잔뜩 찌푸린 채 고개를 든 한별이 지아의 얼굴을 확인하고는 살짝 인상을 풀었다.

"잘 안 되지?"

한별은 얼굴을 붉히며 머리를 긁적였다.

"그, 그야 뭐 아무래도 본격적으로 공부해 본 적이 없으니까."

"포기하시지?"

"그건 싫어. 말했잖아."

한별은 완강히 고개를 저었다. 지아가 답답해 죽겠다는 듯 머리를 쓸어 올리며 말했다.

"그럼 내 도움이라도 받든가! 왜 이렇게 미련하게 굴어? 내가 속이 터져 죽겠단 말이야."

이번에도 한별은 단호하게 고개를 저었다.

"그것도 싫어."

"이 똥고집아! 너 이러는 거 할아버지의 꼼수에 놀아나는 꼴밖에 안 된다는 거 몰라?"

지아가 화를 내자 한별의 목소리도 덩달아 높아졌다.

"너 지금 나 멍청하다고 욕한 거냐?"

"누가 그렇대? 그리고 솔직히 네가 똑똑한 건 아니지."

"너 진짜!"

"그러게 누가 곰처럼 미련을 떨래? 이런다고 뭐가 달라질 것 같아? 헛수고야. 괜한 짓이라고."

지아의 냉정한 말에 한별은 잠시 화난 눈으로 지아를 쏘아보았다. 그리고는 가방에 책들을 쓸어 담은 뒤 교실을 나가 버렸다.

"뭐야? 진짜 무슨 일 있었어?"

"뭔지 모르지만 한별이 녀석 단단히 화가 난 모양인데?"

반 친구들은 궁금해 죽겠다는 얼굴로 지아를 바라보았다. 지아는 대답 대신 쾅, 하며 한별의 책상을 냅다 걷어차 버렸다.

"멍청이! 어디 마음대로 해 봐라!"

며칠 동안 한별과 지아 사이에는 냉랭한 기류가 흘렀다. 그 사이에 낀 친구들은 슬금슬금 눈치만 살폈다. 곧 방학이라는 사실이 그들에게 유일한 위안거리였다.

마침내 겨울방학이 시작되었지만 지아의 얼굴은 조금도 기쁜 구석이 없었다. 며칠 후면 한 회장이 말한 캠프가 시작되기 때문이었다. 고집을 피우던 한별의 얼굴이 떠올라 지아는 읽고 있던 책을 신경질적으로 덮어 버렸다.

똑똑!

그때, 문을 두드리는 소리가 들렸다. 성큼성큼 방을 가로질러 열어 보니 한별이 문 앞에 서 있었다.

"왜?"

지아가 날 선 목소리로 물었다. 한별은 잠시 머뭇거리더니 입을 열었다.

"부탁이 있어서 왔어."

"부탁?"

"응. 캠프에서 말인데……."

"일단 들어와. 오가는 사람들도 많고 또 춥잖아."

지아는 거기까지 듣고는 한별의 옷소매를 당겨 방 안으로 끌어당겼다. 그리고는 피식 웃으며 말했다.

"큰소리는 쳤는데 눈앞에 막상 닥쳐오니 무섭지? 그래서 SOS 치러 온 거지? 진작 그럴 것이지."

지아의 말에 한별은 고개를 가로저었다.

"그 반대야."

"반대?"

"거기서 무슨 일이 있든 절대로 내 편을 들어주지 말라는 부탁을 하러 왔어."

"뭐? 너 그거 진심이야? 개들이 얼마나 잔인한 애들인지 넌 몰라. 너 하나쯤은 웃으면서 잡아먹을 거라고."

지아는 어이가 없다는 듯 방방 뛰었다. 하지만 한별의 고집도 만만치 않았다.

"그건 직접 부딪혀 보기 전에는 모르는 거잖아! 혹시 아냐? 내가 걔들보다 더 나은 구석이 하나라도 있을지."

"그러니까 그런 일은 절대 없다니까."

"지아, 너야말로 날 너무 무시하는 거 아냐?"

마주 선 한별과 지아의 시선이 허공에서 부딪혔다. 서로를 쏘아보는 눈빛이 하도 날카로워 방 안은 흡사 전기라도 튈 것만 같았다. 아니, 실제로 두 사람 주변이 이상할 정도로 환해졌지만 둘은 서로를 째려보느라 주변의 변화를 전혀 눈치채지 못했다.

"너 같은 멍청이를 왜 좋아한다고 했을까 후회막급이다! 이젠 정말 꼴도 보기 싫어!"

"흥! 누가 할 소리를!"

둘은 거의 동시에 빽 소리를 지르며 홱 고개를 돌렸다. 그리고 다음 순간 약속이라도 한 듯 비명을 질렀다.

"저, 저거!"

"으아아악!"

동시에 눈이 멀 정도의 빛이 지아와 한별의 온몸을 집어삼켰다.

"아가씨!"

아침 식사가 늦는다 싶어 지아의 방으로 찾아온 집사는 얼굴이 눈에 띄게 굳어졌다. 방 안에는 어지럽게 흩어진 책들이 전부일 뿐 어디에도

할아버지는 너무해!

지아의 모습은 보이지 않았던 것이다. 방 안을 여기저기 훑어보던 집사의 눈길이 한 곳에 고정되었다. 지아의 슬리퍼 한 짝과 한별의 교복에서 떨어져 나온 듯한 넥타이가 거울 앞에 아무렇게나 떨어져 있었다.

"설마……."

"뭐가 설마라는 거야?"

갑자기 들려온 한 회장의 음성에 집사는 화들짝 놀라 돌아보았다.

아침 식사를 거르는 법이 없는 지아가 보이지 않자 한 회장이 직접 올라온 것이었다. 그는 텅 빈 방과 당황한 집사의 얼굴을 번갈아 본 뒤 물었다.

"대체 뭐가 어떻게 된 거야? 지아는 어디로 간 건가?"

집사는 잠깐 망설이다가 자신이 전에 보고 겪었던 이상한 일에 대해 털어놓았다.

이야기를 듣는 동안 한 회장의 표정은 몇 번이나 바뀌었다. 그리고 집사의 말이 다 끝났을 때쯤에는 혼란스러운 얼굴로 되물었다.

"지금 그 황당하고 허무맹랑한 소리를 나더러 믿으라는 거야?"

"믿으셔야 합니다. 제 눈으로 똑똑히 봤으니까요."

한 회장은 집사의 단호하면서도 절실한 음성에 거울 쪽으로 시선을 돌렸다. 믿어지지 않는 이야기지만 믿을 수밖에 없었다. 그가 아는 한 집사는 한 번도 거짓말을 한 적이 없었다. 특히 지아에 관해서는 더더욱.

명성황후 민자영이라구?

"으아아악!"

"꺄악!"

한 덩어리로 뭉쳐진 한별과 지아는 커다란 비명을 지르며 거울 밖으로 튕겨 나왔다. 매번 생각지도 못한 순간에 벌어지는 거울 속으로의 여행은 절대로 익숙해질 수가 없었다. 바닥으로 떨어지는 순간 느껴지는, 눈물이 쏙 나도록 아픈 통증도 절대 익숙해지지 않았다.

쿠당탕!

"아야야……."

"꺄아아아아악!"

날카로운 비명은 바로 머리 위에서 들려왔다. 얼얼한 엉덩이를 문지르던 한별과 지아는 그제야 고개를 번쩍 치켜들었다. 그러자 자신들을 손가락으로 가리키며 하얗게 질린 여자와 눈이 마주쳤다.

그녀의 복장은 한눈에도 무척 화려했다. 금박이 둘러진 한복과 용이

새겨진 커다란 비녀, 정수리에는 보석 장신구가 은은한 촛불의 빛을 받아 반짝이고 있었다. 또한 깜짝 놀랄 정도로 지아와 닮아 있었다. 지아와 친자매라고 해도 충분히 믿을 정도였다.

"우와, 누나 되게 예뻐…… 끄악!"

"누군지도 모르잖아. 말 좀 조심해."

지아는 여인을 보며 입을 쩍 벌린 한별의 옆구리를 야무지게 꼬집어 준 뒤 주변을 둘러보았다. 그리고는 고개를 갸웃거렸다. 여인의 옷차림으로 보자면 한국, 그것도 조선이 분명한데 침대와 커튼, 짙은 원목을 깎아 만든 탁자 위의 커다란 지구본, 바닥에 깔린 푹신한 카펫까지 방 안에는 서양의 물건들이 제법 많이 놓여 있었기 때문이었다.

"죄송한데 여긴 어딘가요?"

지아가 물었다. 여인은 놀란 표정을 숨기지도 못한 채 더듬더듬 말했다.

"여긴 조선의 궁궐……."

펑! 퍼엉!

여인이 말하는 도중 천둥 같은 폭음과 함께 방 전체가 지진이라도 난 듯이 흔들렸다. 동시에 성난 남자들의 고함이 들려왔다.

"민씨 계집은 어디 있느냐?"

성난 그 외침에 여인은 다급히 둘의 팔을 잡아끌었다.

"어떻게 된 일인지는 모르겠지만 일단 피해야 해. 어서 날 따라오너라."

급히 옷을 갈아입은 한별과 지아는 여인과 함께 정원수가 심어진 후원을 달렸다. 평소라면 고즈넉한 정적이 내려앉았을 법한 가을, 궁궐의 밤은 여기저기서 들려오는 고함과 총성이 뒤엉켜 혼란스럽기 짝이 없었다. 지아는 여인에게서 빌린 화려한 한복의 치맛자락이 자꾸만 발에 걸리는지 벌써 몇 번이나 넘어질 뻔했다. 한복이 거치적거리는 것은 여인도 마찬가지였는지 일행의 속도는 자꾸만 느려졌다.

"빨리 좀 와요!"

그나마 간편한 무관의 옷을 얻어 입은 한별이 둘을 채근했다. 하지만 몇 발짝 가지도 못하고, 걱정했던 대로 무딘 창을 든 허름한 옷의 병사 한 명과 어두운 후원 구석에서 맞닥뜨리고 말았다.

"여기다!"

여인과 지아를 보자마자 그는 눈을 번뜩이며 고함을 질렀다.

한별은 재빨리 담장의 기왓장을 벗겨 그의 얼굴을 향해 던졌다.

"아저씨, 우리가 좀 바쁘거든요?"

콰창!

한별의 손에서 쏜살처럼 날아간 기왓장은 요란한 소리를 내며 병사의 얼굴에 명중했다. 병사는 비명도 지르지 못한 채 그대로 바닥에 널브러졌다. 하지만 앞서 그의 외침을 들었는지 두 명의 병사들이 저쪽에서 달려오고 있었다. 바닥에 쓰러진 병사와 마찬가지로 치렁치렁한 복장에 낡아 빠진 창대를 들고 있었다.

"저쪽이다!"

"잡아!"

"잡긴 누굴 잡아요?"

한별은 가장 앞서 달려오는 병사의 옷깃을 틀어잡아 보기 좋게 돌을

쌓아 올린 벽으로 내동댕이쳤다. 그리고는 다음 사람의 아랫배를 힘껏 걷어찼다.

"끄으윽…… 이 망할 꼬맹이가!"

병사는 거품을 물며 바닥으로 쓰러졌다. 하지만 정작 가뿐히 두 병사를 쓰러뜨린 한별의 얼굴은 밝지 않았다. 시간을 잠깐 끄는 사이 사방에서 병사들이 몰려들었기 때문이었다. 몰려드는 횃불 덕분에 궁궐 후원은 대낮처럼 환하게 밝았다.

"어쩌지……."

지아의 입에서 자신도 모르게 신음성이 흘러나왔다. 답이 없기는 한별도 마찬가지였다. 꽉 쥔 주먹은 벌써 식은땀으로 흥건했다.

"내 뒤로 서거라. 저들이 바라는 건 나다."

이때 여인이 한 발 앞으로 나섰다. 화려한 한복은 흙먼지로 엉망이었고, 단정하게 빗어 넘긴 머리카락은 헝클어졌지만 그녀의 얼굴에는 범접지 못할 위엄이 서려 있었다. 지아는 자신도 모르게 물었다.

"혹시…… 중전마마?"

여인은 고개를 끄덕였다.

"아!"

지아는 그제야 알겠다는 듯 한별과 함께 한 발짝 물러섰다. 동시에 자신도 모르게 입술을 깨물었다. 태연함을 가장하고는 있지만 두렵기는 마찬가지인 여인의 가늘게 떨리는 어깨와 치맛자락을 꽉 틀어쥔 주먹을 보았던 것이다.

"중전마마!"

그런 지아의 귓가에 다급한 누군가의 음성이 들려왔다. 위쪽이었다. 흠칫 놀라 고개를 드는 순간 머리끝에서 발끝까지 검은 옷으로 차려입은 사내가 새처럼 가볍게 지붕 위에서 떨어져 내렸다. 무협 영화에서나 볼 법한 그의 멋진 등장에 한별은 입을 쩍 벌렸다.

"운검雲劍!"

여인은 그를 알고 있다는 듯 기쁜 음성으로 외쳤다.

"운검?"

"아니, 그보다 중전이라니? 누가?"

"제가 길을 열겠습니다. 저를 따라오십시오."

운검이라 불린 사내는 가볍게 목례를 한 뒤 지아와 한별의 궁금증 따위에 시간을 낭비할 생각이 전혀 없다는 듯 돌아서서 달리기 시작했다. 그가 한 번 칼을 휘두를 때마다 횃불을 든 병사들이 허수아비처럼 픽픽 쓰러졌다.

"죽이지는 마세요!"

여인이 놀라 외쳤지만 괜한 걱정이었다. 운검은 칼등이 아래로 가도록 거꾸로 잡고 있었던 것이다.

"으라차! 아자!"

운검의 뒤를 여인과 지아가 달리고, 한별이 가장 마지막이었다. 바닥에 아무렇게나 굴러다니는 창대를 집어 든 한별은 중간에 튀어나오는 병사들을 가차없이 내려쳤다. 어린 소년이라고는 하지만 운동으로 다져진 그가 휘두르는 몽둥이는 제법 매서운 소리를 냈다.

운검과 한별의 활약에도 몰려드는 병사들의 수는 점점 늘어만 갔다.

점점 느려지던 일행의 발걸음은 결국 어느 높은 담을 앞두고 멈춰졌다. 앞뒤로 이미 새까맣게 병사들이 몰려들었던 것이다. 설상가상 그들의 손에는 지금까지와는 달리 번들거리는 조총까지 들려 있었다.

운검은 힐끗 한별을 돌아보며 말했다.

"여긴 이제 내게 맡기고 넌 저 궁녀와 피해라."

"하지만……."

"너희까지 살릴 수는 없단 말이다!"

운검이 짧고 낮게 외쳤다. 한별은 입술을 깨물었다. 이 상황에서는 자신과 지아가 방해만 된다는 사실을 깨달은 것이다.

"그럼 아저씨, 저희 먼저 갈게요."

한별은 뒤로 손을 뻗어 지아의 가는 팔을 잡고는 냅다 달리기 시작했다. 등 뒤로 혼란스러운 고함이 들렸다.

"도망친다! 잡아!"

"아니야! 저쪽이야! 꼬맹이는 놔두고 서 무사를 쫓아!"

"에잇! 대체 어느 쪽이 맞는 거야!"

막무가내로 뛰던 한별이 나무 그림자 사이에 가려졌던 쪽문을 발견한 것은 정말 행운이었다. 무수리들이 사용하는 그 문은 나무덩굴로 교묘히 가려져 있었다. 잎이 무성한 여름날에는 절대로 눈에 띄지 않을, 그런 문이었다. 한별은 지금이 가을이라는 것에, 그리고 달도 없는 밤이라는 것에 감사하며 문밖으로 달렸다. 여전히 지아의 가는 팔을 꼭 움켜쥔 채였다.

밖은 제법 가파른 산길로 이어졌다. 한별은 자꾸만 뒤처지려는 지아를 잡아끌며 어둠이 내려앉은 산길을 내달렸다.

"헉헉!"

얼마나 달렸을까. 숨이 턱에 닿을 정도로 가빠오자 그제야 한별은 걸음을 멈추었다. 다행히 뒤따라오는 병사들의 발소리도 들리지 않았다.

"헉헉. 힘들었지? 미안. 그래도 다행히 따라오는 사람은 없…… 끄억!"

턱으로 흐르는 땀을 닦으며 뒤를 돌아보던 한별의 입에서 괴성이 흘러나왔다. 나무에 한 팔을 짚고 거친 숨을 몰아쉬는 것은 지아가 아니었다. 조금 흐트러지기는 했지만 비녀를 꽂은 단정한 머리를 한, 거울 밖으로 나와 가장 처음 만났던 그 여인이었다.

"으악! 누나가 왜 여기에 있어요?"

"왜긴…… 헉헉…… 네가 막무가내로 끌고 왔잖아."

"왜 진작 말을 안 했어요?"

"헉헉…… 그게…… 그럴 틈이…….”

"근데 누구라고요? 분명 아까 그 시커먼 아저씨가 뭐라고 했는데?"

"중전! 난 중전이란 말이다. 중전 민자영…….”

여인은 이제 서 있기도 힘들다는 듯 휘청 옆으로 기울어졌다. 한별이 재빨리 팔을 뻗어 그녀의 팔목을 움켜잡았다.

"앗! 조심, 으아아악!"

그 순간, 비에 젖은 바닥이 아래로 푹 꺼지며 한별과 여인은 한 덩어리가 되어 산비탈로 굴러떨어지기 시작했다. 무의식중에 자영의 어깨를 껴안은 한별의 머릿속에는 한 가지 생각밖에 나지 않았다.

'으악! 난 이제 지아한테 죽었다!'

'강한별! 다른 사람이랑 나를 착각했겠다? 다시 만나기만 하면 내 손에 죽었어!'

한별이 돌연 자영을 끌고 달려가는 바람에 운검과 함께 병졸들 속에 남겨진 지아는 이를 뿌득뿌득 갈았다. 붉은 횃불을 받아 번뜩이는 창날과 거무튀튀하고 투박한 조총에서 전해지는 진득한 살기에 지아는 자신도 모르게 숨을 죽였다.

"멈춰라!"

낭랑한 청년의 목소리가 후원에 가득 울려 퍼진 것은 바로 그 순간이었다. 살기등등하던 병사들은 청년의 등장에 무척 당황한 듯 분분히 물러섰다.

그렇게 열린 길로 조금 전 고함의 주인공인 듯한 청년이 다가왔다. 푸른빛이 감도는 검은 비단 한복과 틀어 올린 머리를 단단히 고정시킨 우아한 머리장식, 굵은 비단 허리띠에 매달린 단순하지만 아름다운 옥패가 그의 신분이 보통 사람이 아님을 말해 주었다. 그의 등 뒤로는 나이 든 상궁들이 줄줄이 따르고 있었다.

무뚝뚝하고 차가운 나무토막 같던 운검은 그를 보자마자 대뜸 흙바닥에 털썩 무릎을 꿇었다.

"죄송합니다, 주상전하. 중전마마를 구하지 못했사옵니다."

순간 혹시나 했던 지아가 다급히 숨을 들이쉬었다. 주상이라면 임금, 즉 왕이었다. 지아는 행여 눈이라도 마주칠까 고개를 푹 숙였다. 힐끔

곁눈질을 하니 조금 전까지 살기등등하던 병사들 역시 황망히 고개를 숙이고 있었다.

임금은 주변의 반응에는 신경도 쓰지 않고 운검을 다그쳤다.

"운검, 무슨 소리냐? 중전이 죽었다는 말이냐?"

"그건 아니지만 처음 보는 어수룩한 꼬마와 함께 한순간 사라지는 바람에 생사를 장담할 수 없습니다."

"그런……."

"거짓말 좀 하지 마세요!"

순간 지아는 눈앞에 임금이 서 있다는 사실도 잊은 채 버럭 소리를 쳤다.

"아저씨, 입은 삐뚤어졌어도 말은 바로 하셔야죠. 중전마마가 아저씨랑 함께 여기 남는 것보다 한별이랑 함께 도망치는 게 안전하니까 가게 놔둔 거잖아요? 아니면 한별이가 처음 중전마마를 끌고 갈 때 말리셨겠죠. 안 그래요? 아까 지붕에서 뛰어내리는 거 보니까 실력이 장난 아니시던데."

예상치 못한 지적에 운검은 순간 대답할 말을 찾지 못했다. 사실이었기 때문이었다. 병사들은 자신이 임금과 중전을 지키는 무사임을 금세 알아보았다. 당연히 꼬마 무관과 허겁지겁 떠난 자영보다는 자신이 기를 쓰며 지킨 소녀 쪽을 중전으로 오해하였고, 마침 두 여인은 옷까지 비슷했다.

덕분에 중전의 뒤를 쫓는 추격자는 줄어들었지만 그만큼 그와 소녀는 위험해졌다. 만약 임금이 나타나지 않았더라면 생사를 장담할 수 없는 쪽은 중전이 아닌, 그 자신과 이 당돌한 소녀였을 것이다.

"넌 누구냐?"

지아의 얼굴이 횃불 아래 드러나자 임금이 놀란 얼굴로 물었다. 중전을 위해 미끼 역할을 자처한 평범한 궁녀인 줄 알았는데 머리카락 사이로 드러난 그녀의 얼굴 생김새가 중전과 너무나 닮았기 때문이었다.

동시에 그 흔한 댕기조차 하지 않아 등 뒤로 헝클어진 머리카락과 달리느라 붉게 상기된 두 뺨, 두려운 듯 운검의 뒤에 숨어 떨리는 눈동자로 사방을 힐끔거리다가 이내 전혀 다른 사람처럼 커다란 눈을 반짝이는 지아의 모습은 예전 그를 가슴 뛰게 했던 한 여인을 떠올리게 했다.

"대체 너는…… 누구냐?"

그의 목소리는 과거의 회상으로 사뭇 떨리기까지 했다.

"저, 저는 한지아라고 합니다."

"중궁전의 궁녀이더냐?"

"네? 그게 그러니까…… 궁녀라고 할 수도 있겠네요. 제가 중전마마랑 조금 친해서……."

"주상!"

지아가 식은땀을 흘리며 필사적으로 대답을 찾을 때였다. 높고 카랑카랑한 노인의 목소리가 밤공기를 타고 날아들었다. 그 일갈에 아련했던 임금의 눈빛이 한순간 굳어졌고, 운검도 흠칫 어깨를 움찔했다.

두려움보다 호기심이 더 컸다. 지아는 소리가 난 쪽으로 고개를 돌렸다. 그러자 작달막한 키에 희끗희끗 센 머리카락, 형형한 눈빛의 노인이 사람들 사이에서 걸어 나오는 것이 보였다.

아니, 그것은 틀린 표현이었다. 노인이 자신의 등장을 알리자마자 후원을 가득 메웠던 사람들 스스로가 반으로 갈라지며 길을 터 주고 있었다. 조금 전 임금이 왔을 때와는 비교도 안 될 정도로 일사불란한 모습이었다.

노인은 지아와 임금, 그리고 운검에게로 똑바로 난 길을 너무나도 당당하게 걸어왔다. 그리고 마침내 그들과 마주섰다.

"무엄하오!"

"대원군이라고는 하나 주상전하 앞에서는 예의를 갖추시오, 흥선 대감!"

임금의 뒤에 시립해 있던 상궁들의 입에서 나직한 호통이 터져 나왔다. 동시에 지아의 시선이 노인과 임금의 얼굴에 차례로 날아들었다.

'흥선대원군? 그렇다면 이 사람이 바로 조선의 마지막 임금인 고종!'

지아가 놀라는 사이, 고종은 가만히 손을 들어 상궁들의 입을 막은 뒤 대원군을 향해 말했다.

"이 폭도들을 이곳까지 이끈 것이 아버님이십니까?"

대원군은 눈동자를 번들거리며 웃었다.

"큭큭! 폭도들이라니요? 이들은 주상과 왕실을 보호하고 한양을 지키는 병사들임을 모르십니까?"

"그런 그들이 총칼로 무장을 하고 궐의 담을 넘었지 않습니까? 더구나 이들은 중전을 해하려 했습니다."

고종의 말에 대원군은 정색을 하며 말했다.

"이런 사태가 일어난 것이 다 그 요망한 민비와 그 오라비 민겸호가 주상의 눈과 귀를 가렸기 때문입니다. 그들의 말만 듣고 주상이 신식 군대인 별기군別技軍만을 아끼시는 동안 이들은 모래가 섞인 쌀을 먹고

있었단 말입니다. 그러니 차후 이런 일이 다시 일어나지 않게 하기 위해서라도 당연히 중전을 잡아야 했소!"

카랑카랑한 대원군의 목소리에 병사들은 동감한다는 듯 웅성거리며 고개를 끄덕였다. 그 반응이 마음에 든 듯 노인은 눈을 빛내며 운검의 그림자 뒤에 숨은 사람을 힐끔 돌아보았다. 흐트러진 머리카락과 낭패한 듯 푹 숙인 얼굴이 눈에 들어왔다. 그는 코웃음을 치며 말했다.

"중전, 아무리 겁이 나기로서니 중전의 몸으로 쥐새끼처럼 숨다니요. 중전답게 앞으로 나서시오."

하지만 지아는 그의 말에 대답할 정신이 없었다.

'별기군? 민씨 중전? 그러니까 아까 그 언니가 바로 명성황후라 이거지? 게다가 별기군과 구식군대 간의 싸움이라면 군란이 발발한 거고? 으으, 전쟁터 한가운데 떨어진 거랑 똑같잖아.'

지아의 심각한 상념은 대원군의 성난 고함에 끊어졌다.

"중전! 내 말이 말 같지 않소?"

"꺄악!"

그 서슬 퍼런 고함에 지아는 깜짝 놀라 비명을 질렀다.

"아버님! 그녀는 중전이 아닙니다!"

고종은 대원군으로부터 지아를 보호하려는 듯 그의 앞을 막아섰다. 동시에 그제야 정신을 차린 듯 지아가 고개를 번쩍 치켜들었다.

"너, 너는!"

대원군의 눈동자가 조금 전 고종이 그랬던 것처럼 동그랗게 변했다.

"너는 누구냐? 중전이 주상을 홀리려 또 무슨 짓을 벌인 것이냐!"

대원군은 또 다른 자영을 본 듯 분노했다. 그로부터 뻗어 나오는 서늘한 공기는 얼음공주라는 별명이 붙은 지아마저도 숨을 죽이게 만들었다. 다시 한 번 운검의 옷자락을 쥐고 그의 등 뒤로 움츠러드는 지아를 본 고종은 아까보다 훨씬 굳은 얼굴로 대원군의 앞을 막아섰다.

"저 아이는 중전과는 아무 상관도 없는, 일개 궁녀입니다."

"한낱 궁녀라면 더더욱 주상께서 감싸실 필요가 없지 않소?"

"궁녀는 궁궐의 식구입니다. 또한 나의 백성이기도 하고요. 저 아이는 반드시 제가 지킬 것입니다."

고종의 찌를 듯한 시선에 잠시 놀란 듯 대원군은 말을 잊었다. 하지만 그것은 아주 잠깐이었다. 그는 마음에 들지 않는다는 듯 고종과 지아를 잠시 노려보고는 한 발짝 물러섰다.

"아까 어떤 꼬맹이와 궁을 떠난 사람이 있다더니 그쪽이 중전이었던가 보군요. 그럼 전 이만 물러가겠습니다."

애초 목표였던 자영을 놓친 대원군은 고종에게 인사도 제대로 하지 않고 휙 돌아서서 걸어 나갔다. 그가 떠나자 후원을 가득 채웠던 병사들도 썰물처럼 빠져나갔다. 긴장감이 가득하던 후원에 그제야 가을 달빛이 내려앉았다.

"후우……."

그때까지 바싹 얼어 있던 지아가 온몸의 힘이 한순간에 빠진 듯 바닥으로 허물어졌다. 반사적으로 운검이 손을 내뻗었지만 뜻밖에도 지아의 팔을 먼저 부축한 쪽은 고종이었다. 고종은 간신히 쓰러지는 지아를 부축한 뒤 희미하게 웃으며 말했다.

명성황후 민자영이라구?

"예전 그녀를 지키지 못했지만 너만은 지켜주고 싶구나."

환한 보름달을 등진 그의 미소를 보며 순간 지아는 그의 눈물을 본 듯한 착각이 들었다. 그래서일까. 한별에 대한 분노도, 조선 말기로 떨어졌다는 황당함도 까맣게 잊은 채 그저 고개를 끄덕였다.

그 대답이 마음에 들었던지 고종은 조금 전보다 약간 더 환하게 웃으며 한쪽으로 비켜선 운검을 슬쩍 돌아보며 말했다.

"들었느냐, 운검? 이제부터는 이 아이를 나보다 우선으로 지켜야 한다."

운검은 고개도 들지 않은 채 뻣뻣한 목소리로 말했다.

"그 명은 받을 수 없습니다. 전 전하의 그림자이옵니다. 더구나 지금은 중전마마의 생사조차 모르는 상황입니다."

지아가 끼어들었다.

"중전마마라면 너무 걱정하지 마세요. 한별이 그 녀석이 함께 갔으니까요."

"한별?"

운검 대신 고종이 물었다. 지아는 고개를 끄덕였다.

"제 친구인데요. 좀 바보 같은 구석이 있지만 지킬 사람은 확실히 지키거든요. 아마 털끝하나 다치게 하지 않고 무사히 모시고 올 거예요."

지아의 말에는 신뢰감이 가득 묻어났다. 고종은 부러운 눈으로 지아를 바라보았다.

"둘 사이의 신뢰가 깊구나. 좋은 친구인가 보다."

"아…… 그렇죠. 좋은 친구죠."

지아는 고종에게 어색한 미소를 지어 보였다. 하지만 머릿속으로는 끊임없이 한별을 향해 저주를 날리고 있었다.

'강한별, 오기만 와 봐라! 어떻게 나를 다른 사람이랑 착각할 수가 있어? 정신이 번쩍 들게 해 주마.'

어디선가 불어온 찬바람에 자영은 신음을 흘리며 눈을 떴다. 그리고 잠시 어리둥절한 표정을 지었다. 마른 잎사귀가 매달린 치렁치렁한 덩굴 틈새로 스며드는 달빛을 받아 드러난 바닥에는 나뭇가지가 섞인 낙엽이 제법 두껍게 깔려 있었고, 천장에는 나무뿌리가 삐죽삐죽 튀어나와 있었다. 어디를 보아도 동굴이었다. 몇 번 눈을 깜빡이던 자영은 그제야 긴박했던 순간이 떠올랐다. 자영은 화들짝 놀라 몸을 일으켰다.

"으으윽!"

동시에 비명을 삼키는 듯한 신음을 냈다. 온몸이 두들겨 맞은 듯 욱신거렸기 때문이었다. 중궁전 밖으로 한 발짝도 나간 적이 없는 몸으로 밤새 뛰고 달린 데다가 산비탈을 굴렀으니 당연한 결과였다.

"꺄아악! 이게 무슨!"

욱신거리는 것도 잠깐, 자영은 자신의 옷차림을 내려다보고는 끝내 비명을 질렀다. 덮고 있던 검고 투박한 남자용 겉옷을 걷어 내자 맨어깨가 고스란히 드러났던 것이다. 치마는 속치마까지 무릎 위로 올라가 있었다. 벗겨진 저고리는 동굴 저쪽에 아무렇게나 구겨져 있었다.

"어? 일어났네요?"

한별이 동굴 안으로 들어선 것은 바로 그 순간이었다. 자영은 한 손으로 드러난 어깨를 감싸고는 다른 손으로 한별의 뺨을 힘껏 때렸다.

명성황후 민자영이라구?

짜악!

"무례한……."

어찌나 세게 때렸는지 한별의 고개가 단번에 뒤로 돌아갔다. 얻어맞은 뺨은 벌써 벌겋게 부어오르기 시작했다.

"네가 감히 중전인 나를 능멸하려……!"

분이 풀리지 않는지 자영은 여전히 씩씩 숨을 몰아쉬었다.

한별이 다급히 두 손을 들어 그녀의 말을 막았다.

"잠깐! 오해하지 마세요. 그리고 그 저고리는 물에 젖어서 벗긴 거예요. 산을 뒤지는 사람들이 있어서 불을 피울 수가 없었거든요. 비단이라 잘 마르지도 않고. 불편하시더라도 제 옷을 입고 계세요. 그리고 치마는 발목이 다쳐서 부목을 대느라 걷었고요. 그거, 대충 치료한 거니까 나중에 꼭 제대로 된 의사에게 보이셔야 해요."

한별의 차분한 말에 그제야 자영은 발목을 내려다보았다. 한별의 말대로 발목은 옷고름으로 보이는 천으로 단단히 동여매져 있었다. 그제야 자영의 눈에 겨울에 가까운 날씨임에도 고름도 매지 않은 저고리만 입은 한별의 옷차림이 보였다.

서둘러 그의 겉옷을 여미며 자영이 흠흠, 헛기침을 했다.

"왜 진작 그렇게 말하지 않았니? 괜히 맞았잖느냐?"

한별은 화끈거리는 뺨을 문지르며 말했다.

"충분히 오해하실 만하니까요. 하지만 이제는 아무리 화가 나도 다른 사람 말도 좀 들으세요. 진짜 아프다고요."

"미안하구나. 그리고 내 목숨을 구해 주어서 고마워."

"별 말씀을. 그나저나 진짜 중전마마세요? 민자영?"

"응. 이상하구나. 이름까지 아는 사람은 많지 않은데."

"워낙 유명하시잖아요. 누나가…… 아니, 중전마마가 바로 그 명성…… 흡!"

말을 하려다 말고 한별은 다급히 입을 틀어막았다. 공부는 싫어하지만 거울과의 인연으로 역사공부만큼은 열심히 한 그였다. 자영이 명성황후라는 호칭을 받은 것은 그녀가 죽은 한참 뒤의 일이었다.

"내가 유명하다고?"

"그, 그야 워낙 예쁘시잖아요. 완전 자체발광이세요."

한별은 요란하게 엄지를 치켜세웠다. 자영은 그런 한별이 재밌었는지 후후, 웃음을 터뜨렸다. 눈에 띄지 않았던 볼우물이 움푹 들어가는 예쁜 미소였다.

"거 봐요. 그렇게 웃으니까 진짜 예쁘잖아요. 아마 임금님도 그 미소에 반해서 결혼하셨을 거예요."

한별의 말에 자영의 미소는 한순간 씁쓸하게 바뀌었다.

"주상께서는 나의 미소를 보신 적이 없단다."

"에? 왜요? 두 분이 부부 아니에요?"

"그렇기는 해. 하지만 나는 웃을 수 없는 사람이란다."

점점 모르겠다는 듯 한별은 눈썹 사이를 찡그렸다. 평소와는 전혀 다른 환경 때문인지, 아니면 진지하고 맑은 한별의 눈동자 때문인지, 그도 아니면 살짝 오르기 시작한 미열 때문인지 자영은 평소라면 절대 하지 않을 이야기를 꺼내 놓았다. 바로 자신에 대한 이야기였다.

명성황후 민자영이라구?

"아홉 살에 아버지가 돌아가시고 삼 년간 묘살이를 했지. 자식이라고는 나 하나뿐이었으니까. 그리고 딱 삼 년이 되던 날, 삼베옷을 벗자마자 나는 혼례복을 입어야 했어."

 독백처럼 자영은 조그맣게 중얼거렸다.

 "중전이 되라는 문중 어른의 말이 무슨 뜻인지 나는 정말 이해할 수가 없었단다. 당장 끼니를 이을 쌀도 없을 만큼 가난하고 부모도 없는 계집애에게 중전이라니. 난 웃지도 않았던 걸로 기억해. 하지만 그날 밤, 거짓말처럼 내 앞에는 대부인상대방의 어머니이 놓고 간 붉은 비단옷이 펼쳐졌지."

 당시 중전 간택에서 가장 강력한 후보는 김병학의 딸이었다. 김병학은 당시 권력의 핵이던 안동 김씨들 중에서도 중심인물로, 대사헌과 이조판서를 겸하고 있었다. 정치 감각도 탁월하여 병약한 철종이 후사를 보지 못하자 모두가 경원시하던 대원군에게 손을 내밀어 대원군의 아들을 왕으로 밀어주는 대신 자신의 딸을 중전으로 맞으라는 거래를 성사시킨 야심가이기도 했다.

 그 뒤 철종이 쓰러진 뒤 조대비와 김병학은 손을 잡고 대원군의 열두 살 된 어린 아들을 왕좌에 앉히는 데 성공했다. 이런 공이 있으니 사람들은 당연히 김병학의 딸이 중전이 되리라 믿어 의심치 않았다.

 하지만 고종의 옆자리를 차지한 것은 김병학의 딸이 아니라 부모 없는 고아 신세인 자신이었다. 막상 아들이 왕위에 오르자 대원군이 입장을 바꾼 것이다.

 김병학은 당연히 길길이 날뛰었다. 하지만 그 무엇으로도 대원군의 생각을 바꿀 수는 없었다. 안동 김씨의 발아래서 살아남기 위해 미친 사람처럼 지내온 그가 김병학의 딸을 중전으로 맞아 다시 외척外戚, 같은 본관 이외의 친척이 날뛰는 것을 용인할 리가 없었다. 대원군은 처음부터 그를 이용한 것이다.

이용당했다는 사실을 알아차린 김병학은 분노했지만 그것은 오래가지 않았다. 어린 아들을 대신해 권력을 손에 넣은 대원군이 안동 김씨들을 차례로 제거해 나갔기 때문이었다. 결국 그는 딸을 중전으로 받아들이라는 요구 대신 자신과 가족들의 목숨을 구걸해야 했다.

대원군이 자영을 중전으로 받아들인 이유는 단 한 가지였다. 가문이 보잘것없다는 사실. 인현왕후를 배출한 뼈대 있는 가문이기는 했지만 그때까지 민씨 문중에서는 이렇다 할 벼슬아치 한 명이 없었다.

책과 TV 등을 통해 대원군이 어떤 유년기를 보냈는지 너무나도 잘 알고 있던 한별은 숨을 죽이며 자영의 뒷이야기를 기다렸다.

"혼례식을 치르던 날은 3월이라는 것이 거짓말같이 느껴질 정도로 추웠단다. 바람을 타고 늦은 눈이 날리기도 했어. 거치적거리던 혼례복에 무거운 대수왕비의 예복에 하던 머리모양 때문에 정신이 하나도 없었지. 기억하기도 싫을 정도로 최악이었어. 실제로 하나도 기억 안 나고."

그것은 거짓말이었다. 콧등까지 들어 올린 소매 너머로 언뜻 보이는 어린 소년의 맑고 투명한 눈동자는 아직도 눈만 감으면 그린 듯 선명하게 떠올랐다. 자신처럼, 어쩌면 자신보다 몇 배는 더 겁먹은 듯 떨리는 그 눈동자를 보며 자영은 가슴이 두근거리기도 했다.

하지만 그 잠깐의 설렘은 신방의 문을 벌컥 열고 들어온 대원군의 말한 마디에 깨어지고 말았다.

"내 아들이 너의 방으로 찾아올 일은 없을 것이다. 넌 그저 중전이라는 멍에를 눌러쓴 채 이 방에서 견디기만 하면 된다. 더 이상은 바라지도 말고 이 방문 밖으로 나가지도 마라."

대원군은 앉지도 않은 채 자기가 할 말만을 쏟아 내곤 그대로 나가 버렸다. 혼례를 올린 밤, 자영은 자신이 안동 김씨를 치기 위한 도구일 뿐이라는 사실을 뼛속 깊이 새겨 넣어야 했다.

대원군의 말처럼 중궁전은 그날 이후 개미 새끼 한 마리 드나들지 않았다. 대비는 허울뿐인 중전의 문안을 마다했고, 고종은 궐에 있는 시간보다 대원군의 사가인 운현궁으로 불려 가는 날이 더 많았다. 홀로 무인도에 남겨진 듯한 자영은 책을 읽는 것 말고는 할 수 있는 일이 없었다. 「소학」, 「대학」, 「사기」를 비롯한 다양한 서책들과 서양의 책들을 독파하는 사이 자영은 해가 갈수록 지혜가 깊어졌다. 그러자 자연스럽게 그녀의 지혜를 빌리고자 하는 사람들이 나타났다. 처음에는 궁의 여인들이, 그 다음에는 민씨 문중의 청년들이 그녀를 찾아와 대나무로 엮은 발을 사이에 두고 의견을 나누며 토론을 했다. 그리고 마침내 고종조차 그녀의 의견을 구하기 위해 중궁전을 찾는 날이 왔다. 그리고 그것이 불행의 시작이었다.

자영의 주위에 사람들이 모여들고 순종적이던 고종이 어느 날 자신의 의견을 내기 시작하자 대원군은 깜짝 놀랐다. 그리고 그의 주변에 자영과 민씨 형제들이 있음을 알고는 격노했다.

자영은 대원군에게 안동 김씨의 전철을 밟는 것이 아님을, 단지 순수한 마음에서 고종을 돕고 싶은 것뿐임을 분명히 했다. 그것은 진실이었지만 대원군은 믿지 않았다. 아무도 믿지 않는 것이 그의 원칙이자 신념이었던 것이다.

"그리고 어느 날인가 오라버니의 집에서 폭탄이 터졌다는 소식이 들려왔어. 그 사고로 나와 친하게 지내던 거의 모든 사람이 죽었단다."

"그, 그런! 말도 안 돼!"

잠자코 자영의 이야기에 빠져 있던 한별이 외쳤다. 자영은 씁쓸하게 웃었다.

"사실이란다. 그리고 그날부터 나는 다른 사람이 되었지. 겁에 질려 벌벌 떠는 대신 정말 대원군이 무서워할 사람이 되어 주기로. 그리고 주상을 진정한 임금으로 만들기로. 여인으로 지아비에게 사랑을 받는 대신 대원군의 가슴에 칼을 겨누는 정적이 되기로. 그 뒤로 나는 웃지 않는단다."

시간이 지나자 자영은 고종이 대원군을 보던 그 눈빛으로 자신을 바라보고 있음을 깨달았다. 두려움이 담긴 그 시선을 받는 순간 그녀는 깨달았다. 대원군과 대립하고 싸우는 사이 그녀는 어느새 대원군과 닮아 버렸다는 사실을. 하지만 돌이킬 수도 없었다. 계속 앞으로 나가는 것 말고 그녀에게는 길이 없었다.

같은 이야기를 지아는 고종의 입을 통해 듣고 있었다. 방금 전까지의 혼란이 거짓말인 것처럼 궁궐의 밤은 고요하기만 했다. 고종은 놀란 지아를 위해 따뜻한 밥상을 내어 주고는 자신은 술을 홀짝였다. 그리고는 술을 핑계로 삼아 깊이 숨겨 놓았던 이야기를 꺼냈다.

"언제부터인가 중전의 얼굴 위에 아버지의 모습이 겹쳐 보이기 시작했다. 조금씩 벌어진 간격은 이제 도저히 건널 수 없는 거리가 되었지."

겨울이 가까운 밤이었다. 오랜 시간 우울한 이야기를 하던 고종이 문득 고개를 들었다.

"미안하다. 옛날 생각이 나서 나도 모르게 쓸데없이 장황하게 늘어놓았다. 피곤할 텐데 그만 쉬어라."

고종은 사과의 뜻으로 지아에게 새 옷과 좋은 방을 내어 줄 것을 상궁에게 지시했다. 머리에 하얀 서리가 내려앉은 상궁은 내키지 않는 눈으로 지아를 힐끗 보았지만 이내 고개를 깊이 숙였다.

고종의 배려로 살갗이 델 정도로 뜨거운 물로 목욕을 하고 자영의 방에서 가장 가깝고 큰 방까지 얻은 지아는 두툼한 솜이불에 몸을 뉘었다. 갓 지은 새 옷은 기분 좋게 깔끄러웠고, 푹신한 솜이불은 적당히 묵직했다. 가을이어서 살짝 군불을 땠는지 방바닥도 따끈했다.

"한별이 녀석은 잘 있나 모르겠네. 추울 텐데."

잠깐 한별과 자영을 떠올렸지만 피곤함을 이기지 못한 지아는 이내 잠 속으로 빠져들었다.

"으음……."

자영이 눈을 떴을 때, 동굴에는 아무도 없었다. 잠시 딱딱한 흙바닥과 군데군데 삐죽 튀어나온 나뭇가지를 보던 자영은 그제야 어젯밤의 일을 기억해 냈다.

맑아진 머리로 차근히 지난밤의 일을 정리한 뒤 내린 결론은 하나였다. 병사들의 뒤에 누군가 있다는 것. 그렇지 않다면 그들이 그토록 쉽게, 그토록 조직적으로 궁궐에 침입할 수가 없었다. 그리고 그 배후로 의심되는 사람은 딱 한 명뿐이었다.

"대원군!"

잠시 분노한 듯 주먹을 꽉 틀어쥐었던 자영의 손에서 힘이 빠졌다. 궁궐이 전복될 정도의 폭동이었다. 모르긴 몰라도 대궐 주변은 물론이고 한양 전체가 대원군의 수중에 떨어졌다고 봐야 했다. 그와 대립하던 자신이 한양 거리에 나서는 순간, 서늘한 칼날 아래 목숨을 잃게 될 것이다.

벌떡 일어나려는 순간 발목이 시큰하게 저려 왔다. 동시에 한별이 보이지 않는다는 것을 깨달은 자영은 문득 피식 웃었다.

"그래. 도망갔대도 할 말이 없지. 아니, 도망치는 게 당연한 건가?"

자영의 혼잣말이 끝나기도 전에 불쑥 한별이 고개를 디밀고 들어왔다. 그의 양손에는 알밤이며 고구마, 홍시 같은 가을 열매들이 가득했다. 자영은 놀란 듯 눈을 크게 떴다.

"누가 도망을 가요?"

한별은 히죽 웃으며 자영의 앞에 모아 온 열매들을 수북이 쌓았다.

"드세요. 온 산을 뒤져서 모아온 거예요. 가을이라 찾아보니까 먹을 게 좀 되더라고요."

자영은 한별을 바라보며 눈을 깜빡였다.

"너…… 도망친 거 아니었어?"

"도망치다뇨? 이 강한별을 어떻게 보고 그런 소리를! 거기에 다친 사람 버리고 갔다가 지아가 알면 전 죽어요."

 한별은 씩 웃고는 자영의 발치에 털썩 주저앉았다. 그리고는 다짜고짜 그녀의 발목을 움켜잡았다.

 "무, 무슨 짓이냐? 당장 놓지 못할까? 난 중전이란 말이다! 감히!"

 "어제도 봤는데 뭘 새삼스레."

 한별은 자영이 말할 틈도 주지 않고 부목을 댄 그녀의 발목을 이리저리 만져 보았다. 그리고는 하얗게 질려 비명도 지르지 못하는 자영에게 대수롭지 않다는 듯 태연히 말했다.

 "다행히 부러진 건 아니에요. 삔 것 같으니까 이렇게 묶어 놓으면 나을 거예요. 하지만 나중에 의사에게는 꼭 보이셔야 해요."

 자영은 말없이 한별을 바라보다가 불쑥 물었다.

 "그런데 너, 의사니?"

 "의사요? 아니에요. 이런 건 축구하다 보면 다 알게 된다고요. 일 년에 서너 번씩은 부러지고 삐거든요."

 "무슨 운동이 그렇게 위험해?"

 자영은 한별이 손을 떼자마자 서둘러 발을 치맛단 속으로 집어넣으며 말했다. 아무리 어린 소년이라도 한별은 남자였고, '남녀칠세부동석'은 조선의 여인이라면 반드시 지켜야 할 덕목이었다. 하물며 자신은 중전이었던 것이다.

 자영이 무안해하자 한별은 화제를 돌렸다.

 "그런데 중전마마, 이제 궁으로 어떻게 돌아가요? 슬쩍 내려가 보니까 사방에 살벌하게 생긴 아저씨들이 쫘악 깔렸던데요."

한별의 말에 자영의 얼굴도 덩달아 어두워졌다. 새삼 자신의 처지가 서러워 눈시울이 뜨거워졌다. 하지만 울음은 아무것도 해결해 주지 않는다는 것을 너무나도 잘 알고 있는 그녀였다. 거칠게 눈을 비빈 그녀는 고개를 들었다. 어느샌가 눈물이 사라진 눈동자는 평소처럼 영리하게 반짝이고 있었다.

"우선 우리를 도와줄 사람을 찾아야 해. 내 쪽의 사람들에게는 대원군이 이미 감시를 붙였을 거야. 그러니 대원군이 알아도 손을 쓰지 못할 외국인들이 더 좋겠어."

"외국인이요?"

"응. 일본 공사 미우라는 음흉하고 믿을 수 없는 데다가 대원군과 모종의 거래를 하는 것 같으니 제외해야 해. 청국 공사 위안스카이袁世凱에게 신세를 진다면 조선은 영원히 청의 속국이 될 거야. 그러니 서양인을 찾아가는 편이 낫겠어."

처음에는 한별에게 말하는 듯했지만 뒤로 갈수록 자영의 말은 혼잣말에 가까웠다.

"프랑스나 영국의 공사는 너무 계산적이니 어쩌면 대원군이 먼저 손을 뻗었을 수도 있어. 기대할 곳은 역시 러시아뿐인가?"

한별이 불쑥 물었다.

"그럼 러시아 공사관으로 가면 돼요?"

"그래. 그런데 역관이 없으면 문도 안 열어 줄 텐데 걱정이구나."

한별은 씩 웃으며 자신의 가슴을 팡팡 두드렸다.

"제가 잘 설명할게요. 러시아 말이라면 조금 하니까요."

자영은 한별의 말에 눈을 가늘게 떴다.

"네가 러시아 말을 할 줄 안다고?"

"그렇다니까요. 잠깐, 왜 그런 눈으로 보세요? 지금 저 못 믿으시겠다는 거예요?"

"아니, 못 믿는다기보다는……."

"아우, 왜 다들 날 안 믿는 거야? 억울해!"

러시아 공사관은 궁궐과 멀지 않은 정동에 위치한, 예쁘장한 3층짜리 건물이었다. 1층의 입구에는 청동 손잡이가 달린 아치형 문이 있었고, 3층에는 창살이 예쁜 창문이 사방으로 뚫려 있었다.

건물 주변에는 자영이 걱정하던 대로 험상궂은 사내들이 눈을 부라리며 서성이고 있었다. 품속에 한쪽 손을 넣고 어슬렁거리는 그들의 기세에 울상이 된 주변 상인들은 불만도 토로하지 못한 채 눈치만 보고 있었다.

한별은 삼시 사내들을 힐끗 보다가 공사관의 정문을 향해 성큼성큼 걸어갔다. 사내들의 시선이 잠깐 한별에게 쏠렸다. 하지만 겉옷도 없고, 그나마 남은 옷자락도 갈기갈기 찢어진 데다가 상투도 없이 헝클어진 거지소년의 몰골에 코웃음을 치며 고개를 돌렸다.

사내들의 시선이 멀어진 사이, 한별은 다짜고짜 청동 손잡이를 잡고 문을 탕탕 두드렸다.

잠시 후, 묵직한 문이 열리며 기다란 총을 든 군복 차림의 러시아 병사가 나왔다. 그 역시 더러운 한별을 보며 얼굴을 찌푸렸다.

"꼬마, 여기는 러시아의 공사관이다. 함부로……."

그의 어색한 한국말이 끝나기도 전에 예카테리나를 만났을 때 배워 두었던 러시아 말이 한별의 입에서 쏟아져 나왔다.

"공사님을 만나고 싶어요. 중전마마가 다치셨거든요. 도와주세요."

한별의 말이 예상 밖이었는지 남자는 잠시 눈을 깜빡거렸다. 그런 그를 한별이 다시 다그쳤다.

"아, 진짜! 뭘 꾸물거려요? 얼른 들어가자니까."

"어? 어어……."

짧은 콧수염을 기른 러시아 공사 베베르는 한별이 내민 자영의 머리 장식을 보자마자 심각한 표정을 지었다. 그것은 틀림없이 그가 얼마 전 조선의 왕비에게 준 선물이었다. 옆에 서 있던 그의 부인 역시 걱정 스러운 표정을 지었다. 그녀는 담대하면서도 영리한 자영을 여동생처럼 느끼고 있는 터였다. 베베르는 한별을 잠시 바라보다가 물었다.

"왕비는 무사하시냐?"

한별은 두말없이 자신을 믿어 주는 베베르가 고마워 환한 표정으로 고개를 끄덕였다.

"다리를 조금 다치셨지만 무사하세요."

"그렇다면 마차를 가져가야겠군."

베베르는 조금의 지체도 없이 마차를 준비시키고 직접 외출준비를 했다. 한별은 다시 한 번 고마움을 느끼며 공사와 마차에 올랐다.

베베르 공사와 한별을 태운 마차는 정확히 두 시간 뒤 러시아 공사관

으로 돌아왔다. 나갈 때와는 달리 마차의 창문에는 두꺼운 커튼이 드리워져 있었다. 주변을 서성이던 사내들은 눈에 잔뜩 힘을 주어 마차를 노려보았지만 두꺼운 천으로 가려진 마차 안이 보일 리는 없었다. 다만 우연인 듯 커튼 사이로 슬쩍 스친 가락지를 낀 손을 본 게 다였다.

그리고 그날 밤, 마차는 다시 소리 없이 공사관의 문을 나섰다가 한참 만에 돌아왔다. 베베르와 그의 부인, 더러워진 한복을 벗고 서양의 드레스로 갈아입은 자영과 함께 건물 안에서 서성이던 한별은 딸각거리는 말발굽 소리가 들리자마자 밖으로 달려 나갔다. 자영이 고종에게 보낸 편지에 대한 답장을 가지고 온 심부름꾼이 도착했다는 뜻이기 때문이었다.

반가운 마음은 마차 문이 열리자마자 두 배로 커졌다. 깨끗한 한복을 입고 마차에서 내려선 고종의 사자는 다름 아닌 지아였기 때문이었다.

"지아야!"

극적인 재회

"지아야!"

한별은 베베르 공사와 다른 사람들이 보고 있다는 사실도 잊은 채 지아에게 달려갔다.

"무사했구나! 얼마나 걱정했다고. 다친 덴 없…… 끄억!"

퍽!

"강한별, 이 둔탱이! 멍청이! 잘도 날 다른 사람하고 착각했겠다? 오늘 내 손에 한 번 죽어 봐라!"

지아는 작정을 한 듯 두 주먹을 마구 휘둘렀다.

"끄악! 아파!"

"아프라고 때리는 거야! 넌 좀 맞아야 해! 그 살벌한 데에 날 버리고 가?"

"으아악! 미안해. 내가 잘못했어. 그러니까 이제 그만…… 커흑!"

"잘못한 줄 알면 그냥 맞아!"

지아는 두 주먹으로도 모자랐던지 바닥에 엎어진 한별의 온몸을 잘근 잘근 밟아 대기까지 했다. 그럴 때마다 한별은 괴로운 신음을 질러 댔다.

"아야야야! 진짜 아프다니까!"

"흥!"

"한지아, 인간적으로 그만큼 때렸으면 화 좀 풀어라. 진짜 아팠거든?"

베베르 공사와 그의 부인, 그리고 자영은 나란히 앉은 한별과 지아를 보며 웃음을 꾹 참았다. 특히 자영은 사이가 나쁜 듯 좋아 보이는 둘을 부러운 눈으로 바라보았다.

'주상과 나에게도 저런 날이 올까?'

미소가 흐려진 자영의 눈빛이 까맣게 가라앉았다.

자영 주변의 분위기가 변한 것을 느낀 지아가 정색을 하며 품에서 한지에 적힌 편지를 꺼냈다. 그리고는 조심스레 자영의 앞으로 내밀었다.

"주상전하의 답장이에요. 무척 걱정하고 계신답니다."

베베르 공사와 그의 부인은 지아가 편지를 꺼내자 슬그머니 일어나 자리를 피해 주었다.

자영이 좌우로 긴 고종의 편지를 읽어 내리는 동안 지아와 한별은 입을 꾹 닫고 침묵을 지켰다. 반투명한 한지 너머로 고종의 단정한 글씨가 보일 듯 말 듯 비춰졌다.

오랜 시간을 들여 천천히 고종의 편지를 읽은 자영은 마침내 편지를 다시 접고는 고개를 들었다. 지아와 시선이 마주치자 자영은 빙긋이 웃으며 말했다.

"정말 닮았구나."

"네?"

"아무것도 아니다. 그런데 편지를 보니 주상께서 너를 궁녀로 오해한 듯하구나."

"네. 그게…… 본의 아니게 그렇게 됐어요."

곤란해하는 지아에게 자영이 말했다.

"오히려 잘 되었다. 궁에 있으려면 그편이 낫지. 심부름 오느라 수고했으니 그만 쉬어라."

자영은 그렇게 말하고는 발이 불편한 듯 탁자를 짚으며 일어났다. 그녀가 일어서자 반사적으로 한별이 벌떡 일어나 팔을 부축했다. 자영은 고맙다는 듯 미소를 지었고, 반대로 지아의 눈썹은 위로 휙 치켜 올라갔다.

'뭐, 뭐야, 저 녀석! 완전 자동이잖아?'

지아는 바로 궁궐로 돌아가는 대신 러시아 공사관에 머물기로 했다. 돌아올 때는 자영과 함께 오라는 고종의 부탁 아닌 부탁 때문이었다. 하지만 그건 말처럼 쉽지가 않았다. 이미 한양 거리는 대원군의 부하들로 가득했고, 자영의 힘이라 할 수 있던 민겸호와 민창식 등 민씨 일가들은 병사들이 봉기했던 그날 밤 거의 잡혀 들어갔거나 화를 입었기 때문이었다.

이뿐이 아니었다. 대원군은 고종과 민비가 심혈을 기울여 만든 관공서인 통리기무아문을 폐쇄하고, 쇄국정책鎖國政策, 타국과 통상·교역을 금지하는 정책에 조금이라도 반하는 개화파 유생들과 관리들을 하루아침에 관직에서 쫓아내기도 했다. 최초의 개화파라고 할 수 있는 오경석,

「열하일기」로 유명한 박지원의 손자 박규수, 일본 기행문인 「사화기략」을 쓴 박영효 등이 바로 그들이다.

베베르 공사가 내어 준 방은 창문이 커다란 3층에 자리 잡고 있었다. 전기가 들어오기 전의 한양 거리는 해가 짐과 동시에 완전히 캄캄해졌다. 군데군데 보이는 희뿌연 등불은 눈에 거슬리기보다는 여름밤에 명멸하는 반딧불이처럼 새까만 어둠을 수놓고 있었다. 지아는 잠시 문명과 동떨어진 그 고즈넉함에 취한 듯 창밖을 멍하니 바라보았다.

"아직 안 자?"

작은 노크소리와 함께 문이 슬쩍 열리며 한별의 목소리가 들렸다.

"아직. 왜?"

"별건 아니고…… 아무 일 없었어? 궁궐에서 말이야."

지아가 돌아보자 머쓱한 얼굴의 한별이 문 앞에 서 있었다. 지아와 눈이 마주치자 그는 변명하듯 말했다.

"그, 그러니까 지나는 길에 들러 봤어. 바로 옆이 내 방이거든. 게다가 걱정도 됐고. 그 운검이라는 아저씨가 좀 세 보이기는 했는데 혹시나 해서……. 다친 데 없는 거 맞지?"

"흥! 왜 지금 와서 걱정하는 척이야? 버리고 갈 때는 언제고."

토라진 듯 콧방귀를 뀌면서도 지아는 슬쩍 자신의 옆에 의자 하나를 더 당겨 놓았다.

"야! 그건 미안하다니까. 그리고 네가 아닌 걸 알았을 때는 중전마마가 다친 뒤였어. 도저히 갈 상황이 아니었단 말이야. 운검 아저씨를 믿을 수밖에 없었다고."

한별이 툴툴거리며 의자에 앉았다. 둘은 그렇게 한동안 정적에 싸인 한양 시내를 바라다보았다. 낯설지 않은 풍경과 귀에 익은 언어여서 그런지 시골에라도 내려온 듯 가벼운 마음이 들었다. 번화가인지라 드문드문 호객꾼의 고함과 개 짖는 소리가 들려왔지만 그마저도 정겨웠다. 시간여행을 하면서 처음 느껴 보는 편안함이었다.

"여기가 서울이라니 이상해. 그나저나 저 누나가 명성황후 맞지? 그 최후가 무척 비참했던?"

"응. 아마도."

한별의 말에 지아가 고개를 끄덕였다.

"이거 참, 모른 척 할 수도 없고, 그렇다고 역사에 함부로 끼어들 수도 없고 미치겠네."

한별이 머리를 박박 긁어 댔다. 지아도 심란하기는 마찬가지였다. 그렇다고 둘이 고민해 봐야 답을 구할 수도 없었다.

자영을 생각하던 지아는 문득 조금 전 그녀와 다정한 눈빛을 주고받던 한별의 얼굴이 떠올라 괜히 한별의 등을 찰싹 때렸다.

"졸려. 자게 얼른 나가."

"아야야! 그렇게 때리고 또 때리냐? 너 진짜 손 맵단 말이야."

"아, 몰라. 나가라고!"

하지만 지아도, 한별도 잘 수는 없었다. 옆은 금발머리의 러시아 소년이 들어와 자영이 두 사람을 찾는다는 말을 전했기 때문이었다.

"우리를? 이 시간에?"

지아는 칠흑같이 어두운 창밖을 슬쩍 돌아본 뒤 되물었다.

자영은 어둠 속에 홀로 앉아 있었다. 희미하게 흔들리는 촛불을 받은 그녀의 얼굴은 딱딱하게 굳어져 있었다. 조금 전 베베르 공사에게 바깥 사정을 전해 듣고는 줄곧 그 얼굴이었다.

대원군은 고종과 그녀가 오랜 시간을 들여 쌓아 올린 모든 것을 단번에 무너뜨리고 십 년 전 고종이 왕이 되었던 바로 그날처럼 한순간에 권력의 핵심이 되었다. 아버지의 영향력에서 벗어나려 안간힘을 쓰던 고종의 얼굴이 떠올라 자영은 피가 나도록 입술을 깨물었다.

"대원군……!"

대원군의 실정과 폭압에 불만이 있던 사람들이 가끔 찾아오던 즈음에 어머니와 오빠 민승호 부부는 누가 보냈는지 모를 폭탄에 목숨을 잃었다. 증거는 없었지만 모두가 대원군의 짓이라고 수군거렸다.

대원군은 뻔뻔하게도 장례식에 찾아와서는 비웃는 듯 비릿한 웃음을 지었다. 귓가에는 아직도 그때 그의 목소리가 남아 있었다.

"내가 곧 조선이오, 중전. 나를 거스르려 하지 마시오."

파리하게 질린 그녀의 얼굴빛을 보며 그는 웃었다. 자신이 한 일을 굳이 숨길 생각도 없다는 듯. 고종은 그런 아버지의 옆에서 질린 듯 숨도 제대로 쉬지 못했다.

자영이 변한 것은 그때부터였다. 이전까지 책만 읽던 순한 여인은 그때부터 정치인이 되었다. 사람을 모으고, 개혁파들과 의견을 나누었다. 외국 공사들의 부인들을 먼저 초대하여 그들의 문화와 지식을 배우고 인맥을 넓히기 시작했다. 베베르 공사 부인과 친해진 것도 바로 그 시기였다.

베베르 부인과 자영은 대원군을 싫어한다는 공통점이 있었다. 독실한 천주교 신자였던 베베르 부인은 두 차례에 걸친 대원군의 대규모 천주교도 박해에 치를 떨었다. 대원군은 천주교도 박해를 정적을 제거하는 도구로 이용했는데, 한창 득세하던 풍양 조씨를 중심으로 하던 노론 벽파와 안동 김씨를 중심으로 하던 노론 시파를 천주교도라는 명목으로 제거한 것이다. 그 과정에서 베베르 부부와 친분이 두텁던 프랑스 선교사 베르뇌도 함께 희생되었다.

이런 이유로 베베르 부인의 대원군에 대한 분노는 하늘을 찔렀고, 그것은 자영이 도피처로 굳이 러시아 공사관을 택한 가장 큰 이유이기도 했다.

똑똑.

그때, 낮게 문 두드리는 소리가 자영의 생각을 방해했다. 지아와 한별이었다. 자영은 순간 심각한 표정을 풀며 말했다.

"아, 너희들이구나. 들어와."

뒤늦게 미소를 지었지만 이미 가면처럼 딱딱하던 자영의 얼굴을 본 뒤였다. 지아와 한별은 어색한 듯 시선을 피하며 자영의 맞은편에 앉았다.

"정신이 없어 지금껏 고맙다는 인사도 잊었구나. 목숨을 구해 준 한별이도 고맙고, 주상의 전갈을 가지고 온 지아 너에게도 고마워. 보답이라고 하긴 그렇지만 더 이상 너희가 어디서 온 건지 묻지 않을게."

한별과 지아는 그녀의 말에 눈을 마주치며 다행이라는 듯 눈을 찡긋거렸다.

"그렇게 해 주시면 저희야 고맙죠."

"말 못할 사연은 누구에게나 있으니까."

자영은 순순히 고개를 끄덕이며 말했다.

"궁으로 돌아갈 방법에 대해 상의하려고 불렀단다. 지금 내가 믿을 수 있는 사람들이라고는 너희 둘뿐이니까."

자영의 말을 지아가 받았다.

"지금은 숨을 죽이고 있지만 찾아보면 대원군의 정책에 반대하는 개화파 선비들이 있을 거예요. 그들의 도움을 받도록 하죠."

자영은 깜짝 놀란 얼굴로 말했다.

"어쩜! 내 생각을 본 것처럼 말하는구나."

"당연한 거 아니겠어요? 대원군은 쇄국정책을 쓰니까 그에 반하는 사람들은 당연히 개화파들밖에 없죠. 여기서 더 이상 외국의 힘을 빌리기도 힘들고요."

"맞아."

자영은 이제 감탄한 표정을 지었다. 그보다 더 놀란 사람은 한별이었다.

"우와! 항상 느끼는 거지만 너 진짜 똑똑하다. 꼭 여기 사는 사람 같아."

지아가 한별의 발을 지그시 밟았다.

"이 바보야, 역사공부만 제대로 했으면 이 정도는 기본이야. 그런 머리로 캠프에서 일 등 하겠니?"

"윽! 그건……."

다음 날 일찍 한별과 지아, 자영은 거리로 나섰다. 셋 다 허름할 정도로 평범한 옷에 짚신 차림이었다. 얼굴에 검댕까지 묻히고 투박한 나

무비녀를 꽂은 자영은 중전이라기보다는 조금 예쁜, 하지만 피곤한 일상에 찌든 여느 아낙처럼 보였다. 예리한 눈초리로 러시아 공사관 주변을 배회하는 사내들도 그저 힐끔 한 차례 눈길을 주었을 뿐이었다.

그길로 셋이 찾아간 곳은 북촌 외곽의 초라한 초가집이었다. 마당에는 새빨간 고추가 잔뜩 널려 있고, 낡은 흙벽에는 서당임을 알리는 작은 현판이 붙어 있었다.

"여기가 어디에요?"

지아가 물었다. 한별도 궁금한지 주변을 기웃거리다가 자영을 돌아보았다.

"환재거사 박규수의 집이다."

박규수는 연암 박지원의 손자로 조선 후기의 대표적인 개화파 인사였다. 중국에 유학하며 서양 문물을 배워 온 영향으로 대원군에 맞서 개화를 주장하며 젊은 개화파를 기르는 데 힘을 쏟고 있었다. 지금도 섬돌 위에는 질 좋은 가죽신들과 짚신들이 나란히 놓여 있었고, 방 안에서는 이른 아침인데도 두런두런 낮은 음성이 흘러나오고 있었다.

"아!"

고개를 갸웃거리는 한별과는 달리 지아는 짤막한 탄성을 토했다. 자영은 지아가 박규수를 아는 듯한 눈치를 보이자 오히려 놀란 얼굴을 지었다.

"뉘시오?"

그때, 인기척을 알아챘는지 방문이 열리며 희끗희끗한 수염을 기른 노인이 걸어 나왔다. 노인은 자영을 쳐다보지도 않고 한별과 지아에게 대뜸 말했다.

"미안하지만 내 실력이 워낙에 형편없어서 훈장 노릇은 못한다. 서당을 다니려거든 다른 곳으로 가 보거라."

"도성지에 대사헌, 대제학, 이조참판을 지내신 환재거사 박규수 어른께서 실력이 없다니 겸양이 과하십니다."

다시 방으로 들어가려던 박규수는 자영의 말에 얼어붙은 듯 그 자리에 멈춰 섰다. 그리고는 놀란 눈으로 자영을 돌아보았다.

"환재거사라니요? 집을 잘못 찾으신 모양입니다. 전 그런 위인이 못 되는, 한낱 낙방거사올시다."

그의 목소리는 어색할 정도로 컸다. 동시에 방 안에서 우당탕하는 요란한 소리와 어이쿠, 하는 신음소리가 났다. 박규수는 낭패한 표정으로 한숨을 쉬었고, 자영과 한별, 지아는 피식 웃었다.

거짓말을 포기한 듯 박규수가 자영을 보며 다시 물었다.

"실례지만 뉘신데 이 못난 사람을 찾으셨는지요?"

"지난밤 집에서 쫓겨난 못난 아낙입니다."

자영의 말에 박규수의 눈이 찢어질 듯 부릅떠졌다.

"혹시 중전마마?"

초막의 좁은 방 안은 들어앉은 사람들로 터져 나갈 지경이었다. 상석에 앉은 자영의 정면에 앉은 박규수를 제외하고는 모두가 젊은 청년들이었다. 비단 한복에 보석이 박힌 갓을 쓴 사람부터 허름한 옷을 입은 평민, 머리를 짧게 자르고 서양식 복장을 한 사람까지 청년들의 옷차림은 제각각이었다. 그들은 각각 김윤식·김옥균·유길준·박영효 등 이름난 개화파 청년들이었다.

　겉모습은 달랐지만 자영을 보는 시선 속에 적대감이 감도는 것만큼은 똑같았다. 그들이 보기에 자영은 쇄국정책을 주장하는 대원군과 더불어 외척정치로 조선을 망국의 길로 이끄는 장본인이자 썩어 빠진 왕실의 한 사람일 뿐이었다. 한쪽 구석에 앉은 지아와 한별은 방 안에 떠도는 날카로운 공기에 잔뜩 숨을 죽였다.

　자영도 시선 속에 숨겨진 적의를 진즉 알아차리고 있었다.

　"조선은 개화되어야 합니다. 서양 문물 중에는 분명 보고 배울 점이 많지요. 하지만 지금은 아닙니다."

　자영의 말은 모두를 흥분시키기에 충분했다. 가뜩이나 대원군의 고집스러운 쇄국정책을 비판하던 그들은 저마다 한마디씩 했다.

　"흥! 대원군과 다를 바가 없군."

　"그럼 그렇지. 기대를 한 사람이 바보야."

　박규수도 실망한 기색이 역력했다. 하지만 자영의 말은 아직 끝나지 않았다.

　"개화의 때를 놓쳤다고 말씀드리는 겁니다. 개화는 이를테면 거래입니다. 내 손에 거래할 패가 있어야 상대방도 자기 패를 내놓는 법이죠. 개화를 하려면 대동강에서 양선洋船을 격파하고 우리에게 명분이 있었을 때 했어야 합니다. 지금 항구를 열어 봐야 일본이나 청국처럼 서양에게 일방적으로 유리한 불평등조약이 될 뿐입니다. 그런 개화를 원하십니까?"

자영의 말에 모두들 저마다의 생각에 빠진 듯 방 안은 쥐 죽은 듯 조용해졌다. 다만 박규수만은 의외라는 듯 눈을 반짝이며 자영을 바라보았다.

대동강에서 무례한 요구를 해 오며 시비를 걸어온 제너럴셔먼 호를 격퇴시킨 것이 바로 그였기 때문이었다. 자영이 지금 한 말은 그 당시 대원군에게 그가 했던 말과 똑같았다. 하지만 대원군은 그때나 지금이나 쇄국만을 고집하고 있었다.

"부디 저를 도와주십시오. 아니, 무너져 가는 조선을 도와주십시오. 여러분같이 젊고 열린 분들이 아니면 조선은 구멍 난 배처럼 서양이라는 바다에 침몰하고 말 것입니다."

침묵이 이어지자 자영은 갑자기 절을 하듯 고개를 깊이 숙였다. 박규수도, 청년들도, 한쪽에서 상황을 지켜보던 지아와 한별도 깜짝 놀랐다.

"중전마마!"

"어찌 저희들 같은 무뢰배들에게 이런 예를 차리십니까?"

하지만 자영은 요지부동이었다. 사람들은 여인의, 그것도 중전의 몸에 손도 대지 못한 채 발만 동동 굴렸다.

보다 못한 지아가 나섰다.

"얼른 일어나셔요. 마마의 진심을 모두들 충분히 알았을 거예요."

지아와 한별이 팔을 당기자 그제야 자영은 몸을 일으켰다. 다시 고개를 든 그녀의 눈동자는 끝 모를 심연처럼 짙은 흑색이었다. 그 진지하게 빛나는 눈동자를 본 박규수와 청년들은 다시 한 번 말을 잃었다.

"대단한 여장부로구나."

 자영과 지아, 한별이 떠난 뒤 박규수가 말문을 열었다. 청년 중 몇은 고개를 주억거렸고, 다른 몇몇은 여전히 불만스러운 표정이었다.

"아무리 번드르르한 말을 늘어놓아도 전 싫습니다. 지금 처지가 어렵고 힘드니 고개를 숙이는 겁니다. 다시 궁으로 돌아가기만 하면 저희들과 한 약속 따위는 헌신짝처럼 버릴 게 틀림없어요."

 그 중에서도 테가 둥근 안경을 쓴 청년은 다소 격한 어조로 불만을 토로했다. 평소 감정 기복이 격하기로 유명한 김옥균이었다.

"옥균이 네 말도 맞다. 우리가 중전의 손을 잡는다는 건 권력의 핵심인 대원군과 척을 지겠다는 것인데 그리 쉽게 결정할 일이 아니지. 오늘은 이만 돌아가고 내일 다시 모이자꾸나."

박규수의 말대로 이미 밖은 어둑어둑 해가 지고 있었다.

다음 날, 박규수의 집을 가장 먼저 찾은 사람은 뜻밖에도 자영이었다. 날이 완전히 밝기도 전에 나타난 그녀를 보며 박규수는 깜짝 놀랐다.

"중전마마!"

"하루 가지고 어찌 저의 진심을 다 보이겠습니까? 아마도 반대하시는 분이 더 많았을 테죠? 그래서 시간이 허락하는 한, 저의 마음이 전해질 때까지 오려고요."

"새벽바람이 찹니다. 누추하지만 안으로 드시지요."

박규수의 얼굴에는 대견하다는 듯한 미소가 떠올랐다. 그의 말투는 어제와 사뭇 달라져 있었다.

뒤늦게 도착한 청년들 역시 박규수만큼이나 놀란 표정을 지었다.

그날 하루뿐이 아니었다. 자영은 자신이 말한 것처럼 매일 새벽부터 밤늦게까지 박규수의 집에 머물며 때로는 토론을 하기도 하고, 때로는 공부를 하는 학생이 되어 청년들과 함께 박규수의 말을 듣기도 했다. 처음에는 어색하고 거북해하던 청년들은 어느새 자영의 진심을 받아들이기 시작했다.

"하암~ 졸려 죽겠네. 아니, 해도 안 떴는데 이게 뭐하는 건지······."

그 덕에 힘든 건 한별과 지아였다. 지아는 끊임없이 하품을 해 대는 한별의 머리를 콩 쥐어박았다.

"시끄러. 잠 좀 깨라."

"너도 졸리잖아."

"그래도 너처럼 걸으면서 자진 않아."

"더는 오기 힘듭니다. 아시다시피 대원군의 사람들이 한양 거리에 진을 치고 있으니까요."

꼭 열흘째 되던 날, 자영은 모임이 파하자 말을 꺼냈다. 다른 날과 마찬가지로 창호지 너머로 붉은 노을빛이 스며들고 있었다.

박규수는 고개를 끄덕였다. 자영이 말을 이었다.

"저는 러시아 공사관에 있습니다. 오래 기다리지는 못할 것 같습니다."

박규수는 알았다는 듯 또다시 고개를 끄덕였다. 자영은 스승에게 하듯 정중히 고개를 숙여 보였고, 다른 이들에게도 일일이 눈인사를 한 뒤 방을 나섰다.

"이제 다 끝났어요?"

밖에서 기다리고 있던 지아가 물었다. 자영은 고개를 끄덕였다.

"응. 한별이는?"

지아는 말없이 사립문 밖을 가리켰다. 한별은 그 동네에 사는 사람처럼 지나가는 사람에게 말을 걸기도 하고 꼬마들과 놀아 주기도 하며 박규수의 집 주변을 돌고 있었다. 행여나 대원군 쪽의 사람들이 나타날까 감시를 하는 중이었다. 지아 역시 툇마루에 앉아 낮은 담장 밖으로 오가는 사람들을 유심히 살폈다. 가뜩이나 개화파의 우두머리로 대원군의 주목을 받는 환재거사 박규수의 집에 낯선 여인이 드나든다는 소문이 돌기 시작했던 것이다. 내일 당장 대원군의 병사들이 들이닥쳐도 이상하지 않을 상황이었다.

"그간 수고했다. 어서 가자."

자영은 지아와 나란히 어둑어둑해진 거리로 나섰다.

"인정할 수 없습니다."

자영이 돌아간 뒤 박규수의 방 안에서는 밤이 늦도록 열띤 토론이 이어졌다. 가장 목소리를 높인 사람은 김옥균이었다. 그는 싸늘한 늦가을의 밤공기가 무색할 정도로 열기를 뿜어내며 말을 이었다.

"저 여자는 그저 우리를 이용하려는 것뿐이라고요! 그저 연기를 하는 것뿐이에요. 오죽하면 대원군이 자기 며느리인 저 여자를 여우라고 불렀겠습니까?"

김옥균의 열변에도 방 안에 모인 사람들의 마음의 추는 상당 부분 자영에게 기울어져 있었다. 박규수는 혀를 끌끌, 차며 김옥균의 동그란 이마를 손가락으로 튕겼다.

"아야! 스승님……."

"못난 놈."

"예? 그게 무슨 말씀이십니까?"

"멋진 사람을 보면 그냥 솔직히 인정하면 될 걸 굳이 그렇게 역정을 낼 건 뭐냐?"

"예? 누, 누가 멋지단 말씀이십니까?"

김옥균은 예상치 못한 박규수의 말에 당황한 듯 얼굴을 화악 붉히며 되물었다. 노학자는 호수처럼 깊은 눈동자로 그를 똑바로 응시하며 말했다.

"솔직히 난 정말 놀랐다. 저 젊은 중전의 열정이 너희들의 그것보다 더 뜨겁더구나. 저런 열정과 지혜를 품은 사람을 여태까지 한 번도 만나본 적이 없다."

"하지만 스승님! 그녀는 우리를 이용……."

"이용하는 거라고? 좀 당하면 어떠냐? 저렇게 열심히 쫓아다니며 이 늙은이를 이용하겠다면 이용당해 줄 수밖에. 부디 알맞은 곳에 잘 써 주기만 바랄 뿐이다."

"예에?"

"너희들도 마찬가지이지 않느냐? 지금껏 머리가 터지도록 학문을 갈고닦고, 남의 눈을 피해 서학을 연구하고 토론해 온 이유가 임금이 너희들의 재주를 알아주기를, 나라를 위해 재주를 펼칠 날만을 기다리는 것 아니었더냐?"

박규수의 낮지만 힘 있는 음성에 김옥균은 더 이상 반박할 말을 찾지 못했다.

"나는 중전을 통해 임금에게 갈 것이다. 너희들은 어쩔 것이냐?"

그의 물음에 한순간 모두가 벙어리라도 된 듯 침묵이 방 안에 내려앉았다. 박규수는 대답을 강요하지도, 재촉하지도 않았다. 다만 조용히 제자들의 결정을 기다릴 뿐이었다.

"어떻게 됐어?"

지아의 다급한 질문에 한별은 눈을 가늘게 뜨고 엉뚱한 말로 대꾸했다.

"혹시 가끔 머릿속에서 이상한 목소리가 들린다거나 밤마다 이상한 꿈을 꾸지 않냐?"

"무슨 소리야? 묻는 말에 대답은 안 하고 자꾸 이상한 말 할래?"

지아가 화난 얼굴로 빽, 소리치자 그제야 한별은 누가 들을 새라 목소리를 낮춰 말했다.

"네 말대로 김옥균 혼자 길길이 날뛰더라. 하지만 환재 어르신이 멋지게 설득하셨어!"

"그래? 그럼 다행이고."

"그런데 넌 이 모든 걸 다 어떻게 알았냐고?"

한별이 계속 물어오자 지아는 가볍게 한숨을 쉬며 그의 볼을 쭉 잡아당겼다.

"으이그, 이 원수야. 역사공부는 괜히 하는 줄 알아? 김옥균은 극렬 개화파로 유명한 사람이잖아."

"아아⋯⋯ 아파!"

한별은 얼얼해진 뺨을 비비다가 문득 물었다.

"그런데 우린 왜 아직 여기 있어? 만나기로 한 곳은 한참 멀잖아?"

둘이 서 있는 곳은 박규수의 집으로부터 얼마 떨어지지 않은 저자거리였다. 지아가 문득 목소리를 낮추었다.

"조금 전 운검 아저씨가 왔었어."

"응? 그 아저씨가 어떻게 우리 있는 데를 안 거야?"

"몰라. 하여튼 귀신같이 찾아왔더라고."
"와서 뭐래?"
지아는 고개를 가로저으며 앞서 걷는 자영을 가리켰다.
"몰라. 암튼 따라가 보면 알겠지."

 자영이 둘을 이끌고 도착한 곳은 커다란 한옥 앞이었다. 대문부터 단정히 포개어 얹은 기와, 날렵한 처마선까지 흔히 볼 수 있는 한옥이었다. 하지만 대문을 밀고 한 발짝 안으로 들어가자 안은 전혀 다른 세상이었다. 전기가 들어오지 않아 화톳불을 밝힌 마당을 잰걸음으로 가로지르는 흰 가운 복장의 서양인 의사들과 약품이 든 투명한 유리병이 놓인 쟁반을 든 수녀들, 그리고 어딘가 부러지고 다쳐 신음을 흘리는 환자들이 가득했다. 환자들은 대부분 금발에 푸른 눈을 가진 서양인이었지만 그들 사이사이로 머리를 짧게 자른 일본인이나 청국인, 드물게는 상투를 틀고 갓을 쓴 조선 사람도 보였다.
"여긴……."
"병원인데?"
 지아와 한별이 서로를 바라보며 동시에 외쳤다. 자영은 고개를 끄덕였다.
"어디 아프세요?"
"나 참, 새벽잠 설치고 다니실 때부터 알아봤다니까. 감기 걸리신 거죠?"
 자영은 둘의 말에 피식 웃으며 고개를 저었다.
"아픈 게 아니라 누굴 만나러 왔단다."

자영은 피식 웃으며 발길을 옮겼다.

자영이 찾는 사람은 내과 의사였다. 하지만 병원으로 개조한 한옥 안은 무척 복잡했다. 막상 앞에 나섰지만 자영의 얼굴엔 이내 곤혹스러운 표정이 떠올랐다.

"내과면 이쪽이네요."

지아는 그런 자영을 이리저리 능숙하게 이끌었다. 여기저기 표지판이 붙어 있었기 때문이었다. 당연하게도 표지판은 모두 영어였다. 자영은 그런 지아를 대단하다는 듯 바라보았다.

"넌 정말 사람을 놀라게 하는구나. 나이도 어린데 어쩜……."

"헤헤, 지아는 진짜 천재거든요."

자영과 나란히 지아의 뒤를 따라가며 한별은 자기가 칭찬을 받은 듯 어깨를 으쓱였다. 하지만 순간 머릿속을 스친 생각에 이내 시무룩하게 고개를 떨어뜨렸다.

'저런 지아도 YPO에서 한 번도 일 등 해 본 적이 없다고? 그런데 과연 내가 할 수 있을까?'

하지만 고민은 아주 잠깐이었다. 한별은 고개를 휙휙 저었다.

'아니야. 지금은 일단 무사히 집으로 돌아가는 일에 집중하자. 아직 벌어지지도 않은 일에 쓸데없이 신경 쓸 여유가 없다고!'

그러는 사이 셋은 어느새 자영이 찾고 있던 내과 앞에 도착해 있었다. 주욱 늘어선 미닫이문 앞에는 의사들의 이름이 영어로 쓰여 있었다. 천천히 발길을 옮기며 명패들을 읽어 나가던 자영은 '호러스 뉴턴 알렌H. N. Allen'이라는 이름이 내걸린 문 앞에 멈춰 섰다. 그리고는 노크도 없이 미닫이문을 열고는 성큼 안으로 들어갔다.

　한 발 뒤에 서 있던 한별과 지아도 그녀를 따라 안으로 들어갔다.

　"오우, 중전마마! 왜 이렇게 늦게 오셨어요?"

　과장될 정도로 요란한 인사말로 세 사람을 맞은 것은 동그란 안경을 쓴 미국 의사 알렌이었다. 빛나는 눈동자, 햇살처럼 반짝이는 금발머리를 가진 그는 자영을 향해 밝고 쾌활한 미소를 지었다.

푸른 눈의 오버쟁이 의사 알렌

 "왜 이리 늦으셨어요? 기다리느라고 목이 빠지는 줄 알았답니다. 오오! 너희들은 누구니?"

 자영에게로 향한 환영의 인사가 끝나자 알렌의 관심은 나란히 선 한별과 지아에게로 쏠렸다. 예상치 못한 환대에 지아와 한별은 어리둥절한 듯 눈을 동그랗게 떴다. 알렌은 다짜고짜 둘의 머리를 쓰다듬고 볼을 꼬집으며 난리를 피웠다.

 "둘 다 너무 귀엽다. 특히 꼬마 숙녀분! 너무 예쁘다~. 완전 중전마마 축소판이야!"

 "꺄악! 그만해요!"

 "으! 이 아저씨가 왜 이래?"

 멍하게 서 있다가 봉변을 당한 지아가 질색을 했다. 한별도 인상을 와락 쓰며 그의 손을 떨쳐 냈다. 하지만 당사자인 알렌은 그런 둘의 반응에 자제하기는커녕 오히려 더욱 귀엽다는 듯 어깨까지 부르르 떨며

눈을 반짝였다. 그리고 다음 순간 누구도 상상하지 못한 일이 벌어졌다. 알렌이 지아의 뺨에 뽀뽀를, 그것도 쪽, 소리가 나도록 한 것이다.

"아무리 봐도 귀여워! 완전 인형 같아!"

"꺄아악!"

지아가 기절할 듯 소리를 질렀고, 자영 역시 화들짝 놀라 얼음처럼 굳어졌다. 그리고 뒤이어 한별의 분노가 터져 나왔다.

"이 변태 아저씨가 어디다가 감히!"

퍽!

"끄억!"

한별의 주먹을 제대로 얻어맞은 알렌은 숨넘어가는 신음소리를 내며 바닥으로 쓰러졌다.

뺨이 벌겋게 되도록 박박 문지르던 지아가 그런 알렌을 싸늘하게 내려다보며 말했다.

"한별, 아주 자근자근 밟아 버려."

"끄아아악! 미안! 쏘리!"

"너무해."

병원 건물을 벗어나며 알렌이 볼멘소리를 했다. 등불 아래 보이는 그의 하얀 가운 위에는 무수한 발자국들이 선명하게 찍혀 있었다.

자영, 한별과 함께 알렌의 뒤를 따라 걷던 지아는 싸늘한 기운을 뿜어내며 말했다.

"그나마 살려준 게 다행이라고 생각하세요."

알렌은 어깨를 으쓱이며 툴툴거렸다.

"나 참. 고맙다, 고마워. 요즘 애들은 정말 무섭다니까."

이번에는 한별이 발끈했다.

"누가 애예요? 중전마마, 대체 저 불량의사를 어떻게 아시는 거예요?"

"부, 불량의사라니? 야! 말 다 했냐? 나로 말할 것 같으면 저 위대한 히포크라테스 님의 의지를 이어받은 미국 최고의 의사로서, 투철한 사명감과 희생정신으로 자청해서 의료 후진국인 조선에 온……."

"흥! 그래 봐야 실력이 달리니까 의학에 대해 잘 모르는 데 와서 잘난 척하고 있는 거겠죠. 누가 그 속을 모를 줄 알아요?"

"뭐, 뭐 인마?"

후원 입구에서 한별과 알렌은 전생의 원수라도 되는 양 마주 서서 으르렁거렸다. 참다못한 지아와 자영이 동시에 외쳤다.

"강한별! 그만해!"

"알렌! 애 좀 그만 괴롭혀요. 그리고 한별이 니도 예의를 갖추렴. 그는 주상전하의 주치의란다."

자영의 말에 한별과 지아가 깜짝 놀라 다시 알렌을 돌아보았다.

"들었지? 나 이런 사람이야."

알렌은 여전히 잘난 척을 하듯 어깨를 으쓱이며 한쪽 눈을 찡긋거렸다. 그리고는 고개를 숙여 담장 사이에 난 작은 쪽문을 지나 숙소가 있는 후원으로 들어섰다. 자영과 지아, 한별이 그 뒤를 따랐다.

달빛 아래 드러난 후원은 아담했다. 사랑채와 좁은 툇마루, 담장 밑으로 늘어선 대여섯 개의 장독이 다였다. 혼자 쓰기에 딱 좋은 크기였다. 다만 사랑채가 마주한 담장을 따라 우뚝 선 수십 년 수령의 은행나무 한 그루가 제법 정취를 자아내고 있었다. 그리고 그 은행나무에 갓을 쓴 누군가가 기대서 있었다.

"여~ 모셔 왔습니다."

알렌은 자영에게 한쪽 눈을 찡긋한 뒤, 그림자를 향해 손을 흔들었다. 알렌의 말에 비로소 사내는 몸을 일으켜 한 발 한 발 앞으로 걸어 나왔다. 은행나무 주위를 벗어나자 달빛과 등불에 그의 얼굴이 슬쩍 드러났다.

"설마……."

꿈결처럼 그에게 한 발 한 발 다가가는 자영의 눈이 커다랗게 변했다. 얼굴에 떠오른 놀라움은 불신으로, 다시 경악으로 바뀌었다. 푸른빛이 감도는 비단에 호랑이가 새겨진 도포, 보석으로 엮은 줄이 달린 갓을 쓴 그는 바로 고종이었기 때문이었다.

"전하!"

"전하? 그럼 저 분이……."

한별은 깜짝 놀라 알렌을 바라보았다. 알렌은 고개를 끄덕였다.

"조선의 왕이지. 나랑 친하기도 하고. 뭐 내가 이런 남자라고나 할까? 하하!"

알렌은 이 심각한 분위기 속에서도 악동같이 히히, 웃었다. 한별은 이제 포기했다는 듯 고개를 설레설레 저으며 지아를 바라보았다.

"진짜 고종 임금이셔?"

지아가 고개를 끄덕였다.

알렌은 자신이 자랑하던 대로 고종과 친해 보였다. 하긴 목숨을 맡기는 주치의니 당연한 일이었다.

하지만 둘의 인상은 무척 달랐다. 알렌이 걱정이라고는 해 본 적도 없다는 듯 구김살 하나 없이 밝은 미소를 가졌다면, 고종은 복잡한 조선의 시대 상황을 그대로 대변하는 듯 암울한 기운이 풍겼다. 잔병치레 많기로 유명한 임금답게 창백한 그의 안색은 그런 기운을 더욱 짙게 만들었다. 거기에 부인을 앞에 둔 그의 눈에는 묘하게 긴장하는 기색마저 엿보였다.

"전하! 대원군의 감시가 삼엄했을 텐데 어떻게 여기까지 나오셨습니까?"

자영은 경악에서 깨어나자마자 주변을 살핀 뒤 말했다.

"중전이 고생을 하는데 가만히 보고만 있을 수가 있어야지요. 거기에 중전이 아버님의 눈을 피해 궁전으로 돌아올 방법도 알렌을 통하는 것이 좋겠다 싶어서요."

고종의 말대로 알렌이야말로 대원군의 눈길을 피해 궁궐로 돌아갈 가장 빠르고 안전한 통로였다. 고종의 주치의이니 언제 궁에 들어도 이상할 것이 없었다.

하지만 듣는 자영의 표정은 그다지 밝지 않았다.

"그건 제가 알아서 할 일입니다. 그런 일로 궁을 비우시다니요? 주상께선 한 나라의 군왕이 아니십니까?"

딱딱한 얼굴로 따지듯 말하는 자영의 모습은 남편을 만나 반가운 아내가 아니라, 나이 어린 동생을 훈계하는 누나 같았다. 실제로 자영은 그보다 한 살이 많았다.

진심으로 자영은 고종에게 화가 난 상태였다. 겨울이 시작되려는 이 시기에 추위를 무릅쓰고 남루한 옷을 입고 다니는 이유는 어떻게 해서라도 대원군의 시선을 피하려는 발악이었다. 그런데 고종이 움직인 것이다. 가뜩이나 모든 촉각을 세우고 있는 대원군이 그의 외출을 모를 리가 없었다. 가장 안전하게 궁으로 돌아갈 수 있다고 믿었던 통로가 이제는 거꾸로 가장 위험한 길이 되었다.

고종은 그런 자영의 속마음을 미처 읽어 내지 못하고 되레 화를 냈다.

"그렇게 따지자면 중전도 저자를 쏘다니고 박규수의 집에 드나들지 않았소? 그건 안 위험하다는 거요? 당신이야말로 아버님이 노리고 있다는 것을 잊었소?"

그의 말에 자영은 깜짝 놀라 되물었다. 얼굴빛은 이미 사색이 되어 있었다.

"대원군도 아십니까?"

고종은 고개를 저었다.

"걱정 마시오. 아버님은 아직 그대의 행방을 모르오."

"그걸 어떻게 장담하십니까?"

"중전, 나에게는 운검이 있음을 잊었소?"

말을 끝내며 고종은 조금 전까지 자신이 서 있던 나무를 슬쩍 돌아보았다. 그러자 검은 그림자 뒤에서 밤보다 더 짙은 흑색 무복을 입은 누군가가 미끄러지듯 걸어 나왔다. 얼굴은 보이지 않지만 지아도, 한별도 그가 바로 운검임을 한눈에 알아보았다.

운검은 모든 사람이 인정하는 조선 최고의 무사였다. 멈춰 있을 때는 태산처럼 무겁지만 일단 칼을 뽑아 들면 바람과도 같았다. 언젠가 그에게 도전했다가 단 한 번의 칼질로 무참하게 패배한 사무라이의 소문이 퍼지면서 청국과 일본의 무사들도 그라면 한 수 접어 줄 정도였다.

그는 또한 누구보다 은밀한 첩자이기도 했다. 그가 작정하고 숨으면 그의 움직임을 잡아낼 수 있는 사람은 적어도 조선에는 없었다.

이런 이유 때문에 대원군은 끊임없이 운검을 포섭하려 했다. 재물과 권력을 약속하기도 했고, 때로는 협박을 일삼을 때도 있었다. 하지만 그때나 지금이나 운검은 고집스럽게도 고종의 그림자이자 수호자였다. 그렇기에 고종은 운검의 말을 대부분, 아니 전부 믿을 수 있었다.

하지만 자영은 완전히 안심할 수가 없었다. 고종의 주변에는 운검만이 있는 것이 아니었다. 대원군의 간세들은 어디에나 있었다. 궁을 드나드는 벼슬아치부터 궁녀, 마구간의 마부들 중 누군가를 통해 고종의 외출 소식이 전해졌을 가능성은 여전히 높았다.

그럼에도 자영은 더 이상 이 문제를 가지고 고종을 괴롭히지 않기로 결정했다.

"그렇군요. 제가 괜히 조바심을 냈나 봅니다. 아, 그리고 한 가지 더 말씀 드릴 것이 있네요. 대원군의 독단을 막기 위해 개화파 인사들을 만났습니다."

"박규수를 말하는 거요?"

"박규수뿐만 아니라 그를 따르는 개화파 청년들 모두요. 일단 우두머리 격인 환재거사의 마음은 얻은 것 같고, 나머지 젊은 청년들도 호의적이에요. 전하에게 힘이 되어 드릴 겁니다."

자영의 말에 고종의 표정이 순간적으로 굳어졌다. 개화파의 청년들로 대원군을 견제하려는 방법은 자신도 생각하고 있었기 때문이었다. 그런데 그가 차일피일 망설이는 사이 자영은 어느새 그들의 마음까지 얻었던 것이다.
　'언제나 이랬어. 항상 나보다 딱 한 발 앞서 갔지.'
　언제나 자신의 머릿속을 훤히 들여다보는 듯 한 발짝 앞에 서 있는 아내를 볼 때마다 묘한 패배감이 그의 가슴 깊은 곳을 콕콕 찔러 댔다. 하지만 그것을 내보일 정도로 대범하지 않은 고종은 애써 얼굴을 폈다.
　"그, 그랬군. 수고했소."
　굳어진 그의 말투를 눈치채지 못한 자영이 다시 당부의 말을 했다.
　"전하, 그들은 앞으로 조선을 이끌 인재들입니다. 그들이 어떤 결정을 하든, 또 앞으로 무슨 일을 하든 넓은 마음으로 이해하세요. 그들을 외면하면 조선의 미래는 없습니다."

　후원의 한쪽, 툇마루에 앉은 한별과 지아는 본의 아니게 고종과 자영 사이의 대화를 엿듣는 꼴이 되었다. 운검이야 원래 고종의 그림자 같은 존재이니 따질 필요가 없었고, 알렌은 고종이 궁으로 돌아갈 마차를 준비한다고 자리를 피한 뒤였다.
　귀를 기울일 수도, 그렇다고 다른 얘기를 꺼내 둘의 대화를 방해할 수도 없는 한별과 지아는 때아닌 불청객이 된 기분이었다. 진즉에 알렌을 따라갈걸, 하고 뒤늦은 후회를 해 보았지만 뒤늦게 따라가기도 애매한 상황이었다. 그리고 그 후회는 자영과 고종의 대화가 심각해지고, 둘 사이의 공기가 미묘하게 긴장되면서 더욱 깊어졌다.

"지금 슬쩍 빠지는 것도 조금 이상하겠지?"

"응."

"알렌 그 변태 아저씨는 치사하게 혼자 도망치고."

"그러게."

한별과 지아는 개미만한 목소리로 투덜거렸다. 그나마 찌를 듯 노려보는 운검의 눈초리 때문에 대화는 길게 이어지지도 못했다. 쌀쌀한 바람만 불어 대는 지루한 가을밤이었다.

시간이 조금 지나자 지루함을 참지 못한 한별이 지아의 어깨를 톡톡 건드렸다.

"왜?"

"저 두 사람 말이야. 조금 이상한 거 같지 않냐?"

"뭐가?"

"어째 주상전하보다 중전마마가 더 임금 같지 않냐? 똑똑히고 결단력 있고……."

"야! 너어…… 쉬잇!"

지아는 하얗게 질린 얼굴로 서둘러 한별의 말을 막았다. 하지만 마침 대화가 끊겨 침묵이 내려앉은 후원에서 그의 목소리를 듣지 못한 사람은 아무도 없었다. 고종의 얼굴은 수치심으로 일그러졌고, 자영은 난감함에 차라리 두 눈을 질끈 감아 버렸다. 운검은 아예 대놓고 죽일 듯한 눈초리로 한별을 쏘아보았다.

그제야 자신의 실수를 알아챈 한별이 두 손으로 자신의 입을 틀어막

앉다. 지아는 그런 한별을 보며 땅이 꺼져라 한숨을 쉬었다.

'으이구, 이 바보야. 여긴 조선이란 말이야. 왕이 다스리는! 아무리 왕이 무능해 보인다고 해도 눈앞에 세워 두고 그런 말을 하면 어떻게 해?'

울상이 된 한별을 구해 준 사람은 알렌이었다. 특유의 쾌활한 웃음과 함께 후원으로 들어선 알렌은 단번에 어색한 분위기를 감지한 듯 눈을 동그랗게 뜨며 물었다.

"응? 무슨 일이 있어? 분위기가 왜 이래?"

"그, 그게……."

지은 죄가 있어 입을 열기는 했지만 차마 입이 떨어지지 않아 한별은 고종과 자영의 눈치만 살폈다. 지아도 마찬가지였다.

"뭐야? 오랜만에 만난 부부가 닭살 애정표현이라도 한 거야? 에이, 아무리 반가워도 애들이 보는데 그럼 안 되지요, 전하."

둘의 행동을 오해한 알렌은 너털웃음을 지으며 고종과 자영에게로 다가갔다. 그리고는 마차가 준비되었음을 알렸다.

"분위기 깨는 것 같아 미안하지만 이제 곧 통금입니다. 시선 끌기 싫으면 지금 출발해야 할 거예요."

알렌의 말에 고종은 품속에서 둥근 회중시계를 꺼내 시간을 확인했다.

"벌써 시간이 이렇게 흘렀군. 고마워."

"별 말씀을. 언제든지 말씀만 하세요."

알렌은 고종이 내민 손을 꽉 잡고 몇 번 흔들었다. 그리고는 자영에게 말했다.

"죄송하지만 중전마마는 지금 돌아가기 힘들어요. 대원군 쪽이 병원에서 궁궐로 가는 길목을 아예 막아 놓고 눈을 번뜩이고 있거든요."

"이해해요. 신경 쓰지 마세요. 어차피 밖에서 해결해야 할 일도 남았습니다."

자영은 고개를 끄덕이고는 고종을 향해 말했다.

"그럼 다시 만날 때까지 보중하십시오."

"중전도 몸조심하시오. 곧 겨울이니 옷도 따뜻하게 입으시고."

고종 역시 불편한 감정은 뒤로 돌려놓은 채 흐릿한 미소를 지었다. 하지만 힐끗 한별을 돌아보는 눈초리는 차갑기 그지없었다. 괜히 찔끔한 한별은 눈도 마주치지 못한 채 슬쩍 고개를 숙였다.

고종은 뒤이어 지아를 향해 따뜻한 미소를 지었다. 자영을 향한 어색한 미소가 아닌 진심 어린 미소였다.

"수고가 많구나. 나와 함께 궁으로 돌아가지 않을 테냐?"

그의 말에 자영은 약간 놀란 듯 눈을 홉떴다. 하지만 한별의 경악에 비힐 바는 아니었다. 고개를 빈쩍 쳐드는 그는 운검의 싸늘한 시선에도 아랑곳하지 않고 고종을 쏘아보았다가 이게 무슨 소리냐고 묻는 듯 지아를 뚫어져라 바라보았다.

지아는 한별의 궁금증 가득한 얼굴을 가볍게 무시한 뒤 고개를 저었다.

"중전마마와 함께 돌아가겠습니다."

"그래? 네 뜻이 그렇다면 말리진 않겠다. 중전을 잘 보필하도록 하여라."

"네에."

고종은 고개를 몇 번 끄덕인 뒤 후원 한쪽에 난 쪽문을 나섰다. 운검이 소리 없이 그 뒤를 따랐다.

고종과 운검이 떠난 뒤 후원은 또 다른 어색함이 감돌았다. 그리고 그 불편한 침묵은 알렌이 세 사람을 위해 따로 준비한 마차에 오른 뒤에도 이어졌다. 마차는 궁궐의 반대편으로 방향을 잡은 뒤 한양 시내를 한참이나 빙글빙글 돈 뒤에야 본래의 목적지인 정동의 러시아 공사관에 도착했다.

누구 하나 입을 떼는 사람이 없어 마차 안은 불편할 정도로 조용했다. 자영은 깊이 생각에 잠긴 듯 두꺼운 커튼이 드리워진 창문만 바라보았고, 한별은 지아만 뚫어져라 바라보았다.

괜히 오해를 받은 듯해서 지아는 짜증 섞인 한숨만 푹푹 내쉬었다. 차라리 알렌 대신 마차라도 몰고 싶은 심정이었다.

"어휴…… 진짜 미치겠다."

공사관에 도착한 뒤에도 어색함은 조금 더 이어졌다. 베베르 공사가 긴박하게 돌아가는 조선의 정치 상황을 대비하여 군대를 요청했다는 말을 꺼냈기 때문이었다.

"군대라고요?"

자영은 깜짝 놀라 되물었다. 베베르 공사는 무거운 얼굴로 중국, 즉 청의 대규모 군대가 이미 한양 인근에 도착했으며, 일본군의 동향 역시 심상치 않다는 소식을 전해 주었다.

"어쩔 수 없는 일이었습니다. 중전마마를 지키기 위함이 아니라 공사관 식구들과 러시아 선교사들을 위해서라도 필요한 일이었습니다."

그가 요청한 병력의 규모는 말 그대로 자구책이라 부를 정도였다. 자영은 달리 할 말이 없는 상황임을 알아채고는 그저 고개를 끄덕였다.

그 뒤 며칠 간 공사관의 공기는 숨 쉬기도 힘들 정도로 무거웠다. 베베르 공사는 쉴 새 없이 편지를 받고 또 사방으로 답장을 보내느라 바빴고, 자영은 공사관의 문이 내려다보이는 응접실 창가에 앉아 박규수로부터의 연락을 기다리며 초조한 기색을 숨기지 않았다. 하지만 기다리는 답은 좀처럼 오지 않았다.

그런 자영을 그저 바라볼 수밖에 없는 지아와 한별의 마음은 무거웠다. 자영의 최후를 알고 있기 때문에 가끔씩 희망에 찬 눈빛을 보이는 그녀를 대하는 것이 더욱 어려웠다.

거기에 한별은 며칠 전 고종이 지아를 향해 보인 미소 때문에 더 속이 탔다.

"아니 주상전하가 대체 왜 지아한테 신경을 쓰시는 거냐고! 아우, 궁금해 미치겠네."

심각한 분위기에 휩쓸려 지아에게 질문을 할 시기를 놓친 탓에 한별의 속은 새까맣게 타들어 갔다.

하지만 인내의 시간이 마냥 무료하지는 않았다. 자영에게는 오히려 베베르 공사와 그를 찾아오는 각국의 공사들과 토론을 하며 국제정세를 배울 수 있는 고마운 시간이었다. 상황이 상황이다 보니 모두들 가식적인 외양 대신 솔직함을 보인 까닭이었다.

손님들 속에는 알렌도 끼어 있었다. 차기 미국 공사로 기론되는 그는 토론이 끝난 뒤에 자영의 다친 발을 보아 주기도 했다. 덕분에 산길에서 삔 뒤 조금씩 절뚝거리던 자영의 다리 부상은 완전히 치료되었다.

잘난 척하는 것이 얄밉기는 했지만 한별은 알렌이 오는 날을 은근히 기다렸다. 그의 장난기 가득한 웃음이라도 없었다면 공사관은 완전히 창살 없는 감옥이 되었을 터였다.

알렌은 여러모로 멋진 사람이었다. 비록 약소국인 조선이지만 왕의 주치의를 할 정도로 실력이 좋은 의사에 정치 감각도 뛰어났다. 가끔 피아노를 치며 노래를 부를 때는 가수가 따로 없었다. 오페라부터 흥겨운 재즈, 거기에 어디서 배웠는지 조선의 민요까지 불러 대면 박수를 치지 않을 수가 없었다.

베베르 공사 부부도, 자영도, 지아도 그가 오면 유쾌한 미소가 얼굴에서 떠나지 않았다. 아주 가끔은 같은 남자인 한별의 눈에도 멋있어 보였으니 더 이상 말할 필요가 없었다.

"휴우…… 세상에는 정말 잘난 녀석들이 따로 있는 걸까?"

발코니의 창턱에 걸터앉아 한양 시내를 내려다보던 한별이 문득 중얼거렸다. 다른 사람들은 모두 활기가 넘치는데 혼자만 우울한 것 같았다.

"응? 나 말하는 거야? 내가 좀 잘나긴 했지."

그때 등 뒤에서 알렌의 목소리가 들렸다. 창밖으로 다리를 내놓고 앉아 있던 한별은 순간 떨어질 듯 휘청거렸다가 간신히 창틀에 매달렸다. 그리고는 뒤를 휙 쏘아보았다. 윤기가 흐르는 벨벳 정장을 입은 알렌이 빙글빙글 웃으며 서 있었다.

"쳇. 잘난 사람이 자기 잘난 거 자랑하는 것만큼 꼴불견도 없거든요?"

알렌은 가볍게 어깨를 한 번 으쓱였다.

"상관없어. 자기 자신을 속이면서 사느니 욕 좀 먹지 뭐."

"잘났어, 정말."

한별은 콧방귀를 뀌며 다시 거리로 시선을 돌렸다. 귀찮게 하지 말라는 듯이 단호했다. 하지만 알렌은 그런 한별의 의지는 전혀 안중에도 없다는 듯 한별의 엉덩이를 비집고 옆에 냉큼 걸터앉았다. 그 바람에 한별은 다시 한 번 크게 휘청거려야 했다.

"이 아저씨가 진짜!"

"오오, 경치 좋네? 조선은 참 활기찬 나라야. 풍경도 아름답고. 미국은 이런 아기자기한 맛이 없어."

"아저씨!"

한별이 빽 소리를 치자 그제야 알렌은 히죽 웃으며 한별의 얼굴을 마주 보았다.

"뭐? 한참 자기비하에 푹 잠겨 있는 중이라 혼자 있고 싶다고?"

한별이 눈썹을 치켜 올렸다.

"혼자 있고 싶지만 자기비하에 빠진 건 아니거든요?"

"슬쩍 들어 보니까 자기비하 맞던데 뭐."

또다시 히죽 웃던 알렌은 정색을 하며 말했다.

"왜 그렇게 죽을상이야? 고민 있으면 털어놔 봐. 무료상담 해 줄게."

"그게 간단하지가 않다고요."

한별은 땅이 꺼져라 한숨을 내쉬고는 한 회장과의 약속 아닌 약속에 대해 설명했다.

"와우! 지아가 그렇게 대단한 집안의 딸인 줄 몰랐네."

"대단한 집의 딸이 아니라 지아 자체가 대단한 거거든요?"

한별이 입을 삐죽이고는 다시 한숨을 쉬었다. 알렌은 그런 한별이 귀엽다는 듯 빤히 바라보았다.

"뭘 고민해? 그냥 하던 대로 쭉 하면 되겠고만."

"하지만 갈수록 자신이 없어진다고요."

"뭐 어떻게 하든 네가 알아서 할 일이지. 하지만 이거 하나만 물어보자. 만약에 지아가 너보다 잘난 다른 사람, 이를테면 내가 더 좋다면 쿨하게 포기해 주는 거냐?"

"뭐, 뭐예요?"

한별의 눈에서 순간 불꽃이 튀었다. 그는 언제 시무룩했냐는 듯 기세등등하게 창틀에서 뛰어내려 단번에 알렌의 멱살을 틀어잡았다.

"그걸 말이라고 해요? 지아 옆자리는 내 자리거든요? 넘보지 마세요."

"케엑! 이거 좀 놓……고……."

"거기에 아저씬 나이도 많잖아요? 완전 도둑놈 심보라고요, 그거! 자고 일어나면 눈가에 주름살 팍팍 느는 거 안 보여요?"

"강……한별! 숨이……."

알렌의 얼굴이 새파랗게 되어서야 한별은 아차, 싶어 손을 놓았다. 알렌은 한참이나 켁켁, 숨을 몰아쉬었다.

"헉헉! 아니면 아니라고 말로 하면 되지. 아예 창밖으로 던져 버리지 그랬냐?"

"그야 아저씨가 이상한 소리를 해서 그렇지요. 괜찮으세요?"

조금 심했나 싶어 한별은 알렌의 등을 두들겨 주며 물었다.

"괜찮아. 조선에 오기 전에는 이 뛰어난 외모 때문에 결투를 밥 먹듯

했는데 뭐. 이 정도는 애교지."

"나 참. 너무 잘난 척하니까 이제 화도 안 난다고요."

바닥에 주저앉아 켁켁 거리면서도 허세를 떠는 알렌의 말에 한별은 졌다는 듯 허탈하게 웃었다. 그리고 조금 전 알렌이 그랬던 것처럼 그의 옆에 주저앉았다.

알렌이 그런 한별의 머리를 마구 헝클어뜨렸다.

"귀여운 것. 괜히 시무룩해 있지 말라고. 넌 이렇게 팔팔한 게 어울리니까."

"에이, 하지 말아요."

한별은 알렌의 손길을 뿌리치며 투덜거렸다. 알렌은 기어코 반항하는 한별의 머리카락을 다시 한 번 엉망으로 만들어 버렸다.

그렇게 한참 옥신각신 싸우다가 김이 빠진 듯 둘은 동시에 등을 벽에 기댔다. 투명한 유리창을 통해 공사관의 응접실이 정면으로 들여다보였다. 그러자 커다란 응접실의 탁자에 앉아 있는 자영과 지아가 비스듬한 각도로 보였다.

베베르 공사 부인에게 빌린 서양식 드레스를 입은 자영은 무척 아름다웠다. 한복과는 달리 날씬한 몸매가 고스란히 드러나는 그 드레스는 그녀의 새하얀 피부와 어깨 위로 드리워진 검은 머리카락과 무척이나 잘 어울렸다. 모처럼 댕기 머리를 풀어 긴 머리카락을 늘어뜨린 지아 역시 예스러운 드레스를 입고 있었다. 고풍스러운 가구들이 늘어선 응접실에 나란히 앉은 두 여인은 막 그림에서 튀어나온 듯 아름다웠다.

"예쁘다."

"예쁘네."

한별과 알렌의 입에서 거의 동시에 한숨 같은 목소리가 흘러나왔다. 한별은 냉큼 알렌을 쏘아보았다.

"이 아저씨가 진짜! 지아는 절대! 절대 포기 못하니까 일찌감치 맘 접으시죠."

한별이 주먹을 알렌의 눈앞에 흔들었다. 알렌은 한별의 말이 뭐가 재밌는지 눈물까지 글썽이며 키득거리다가 문득 말했다.

"바보. 그리고 보니 넌 네가 가진 매력이 뭔지도 모르는구나."

"에? 매, 매력이라뇨? 그게 뭔데요?"

한별은 눈을 동그랗게 뜨고 물었다. 알렌은 물끄러미 그의 얼굴을 바라보다가 진지한 얼굴로 입을 열었다.

"안 가르쳐 줘."

"뭐요?"

"모르면 모르는 대로 그냥 살아. 그럼 난 숙녀 분들이 기다리는 곳으로 가 볼까? 너무 오래 자리를 비우는 것도 예의가 아니니까."

알렌은 벽을 짚으며 일어나 툭툭 먼지를 털며 히죽 웃었다.

"아저씨! 말을 하다 말고 가면 어떻게 해요?"

한별은 튕기듯 일어나며 그의 소매를 붙잡았다.

알렌은 슬쩍 웃으며 뒤돌아보았다. 입가에는 엄청 심술 맞은 미소가 걸려 있었다.

"형이라고 부르면 알려 주지."

"하아, 됐거든요? 차라리 모르고 말지."

한별은 어이가 없다는 듯 입을 쩍 벌렸다. 그리고는 콧방귀를 뀌며 알렌의 옆을 휙 스쳐 응접실 안으로 쏙 들어갔다.

쾅!

"칫, 매정하게도 가 버리네."

요란하게 닫히는 유리문 소리에 알렌은 키득거렸다가 이내 쓰게 웃었다.

"지아가 예쁘긴 하지만 너무 어리다고. 나 변태 아니다."

다른 사람들 앞에서와는 달리 진지한 얼굴로 그가 바라보는 사람은 유리창 너머로 보이는 자영이었다. 드레스를 입은 그녀는 꽃처럼 아름다운 동시에 여왕의 위엄을 함께 내뿜고 있었다. 한참이나 그녀에게서 눈을 떼지 못하던 알렌은 순간 불어온 싸늘한 바람에 간신히 정신을 차렸다. 그리고는 넋 놓고 있던 자신의 뺨을 찰싹, 소리가 날 정도로 세게 때렸다.

"이 멍청아. 상대는 친구의 아내야. 게다가 한 나라의 왕비라고. 반해서 어쩌자는 거야?"

그가 진지한 눈빛을 지우는 것과 동시에 유리문이 벌컥 열렸다.

"왔어요!"

문밖으로 뛰어나오며 크게 외치는 한별의 얼굴은 조금 전 쌀쌀했던 것과는 반대로 상기되어 있었다. 앞뒤 없는 말이었지만 알렌은 단번에 그의 말을 알아들었다. 자영이 그토록 기다리던 박규수의 응답이 온 것이 틀림없었다.

며느리와 시아버지의 불꽃대결

　조금 전까지만 하더라도 조용했던 응접실은 사람들이 가득 들어차 북적거렸다. 박규수를 비롯한 수십 명의 개화파 인사들이 모여든 것이다. 깔끔한 도포를 차려입은 사람도 있었고, 먼 길을 달려온 듯 먼지가 뽀얗게 앉은 낡은 갓을 쓴 사람도 있었다. 옷차림과 생김새, 연령은 제각각이었지만 그들의 눈에 담긴 열정만은 한결같았다. 드디어 출사하여 나라를 위해 자신의 지식과 뜻을 펼친다는 기대감과 흥분으로 그들은 살짝 들떠 보이기까지 했다.

　"우리를 통해 조선을 부강하게 만들겠다는 중전의 말을 믿고 달려온 사람들입니다."

　"고맙습니다. 정말 고맙습니다."

　박규수의 말에 어느새 한복으로 갈아입고 머리를 땋아 올린 자영의 눈에 눈물이 글썽였다.

　"이번이 처음이자 마지막 기회라는 걸 명심하십시오. 만약 우리를 장기판 위의 졸처럼 쓰고 버리면 크게 후회하게 될 겁니다."

누군가 투덜거렸다. 김옥균이었다. 반항적인 눈빛과 고집스럽게 꽉 다문 입매는 그가 자영에게 완전히 마음을 열지 않았음을 말해 주었다.

김옥균의 시비조의 말투에 한별과 지아의 얼굴이 단번에 일그러졌고, 동행한 박규수도 나무라는 눈빛을 보냈다. 하지만 김옥균은 슬쩍 시선을 외면할 뿐이었다.

"믿어 주십시오. 비록 아녀자이긴 하나 제가 한 말은 끝까지 책임지겠습니다. 그리고 주상전하 역시 저의 생각과 크게 다르지 않을 것입니다."

자영이 서둘러 말을 꺼냈다. 다행히 그녀가 먼저 나선 덕분에 분위기는 크게 어색해지지 않았다.

그로부터 몇 시간 뒤, 어둠이 내려앉자마자 공사관의 문이 슬쩍 열렸다. 그 틈으로 조심스럽게 한별이 고개를 내밀었다. 겨울이 다가오는 탓에 거리는 인적이 끊겨 조용했다. 벌레 소리 하나 나지 않을 정도로 적막한 밤이었다.

한참 주변을 살피던 한별은 아무도 없는 것을 확인하자 뒤를 향해 손짓을 했다. 그러자 우르르 한 떼의 사람들이 몰려나왔다. 개화파 유생들이었다. 그리고 그 중앙에 자영이 있었다.

선두에 선 것은 알렌이었다. 궁궐로 가는 마차를 그가 준비했던 것이다.

"궁에서 큰 행사가 있거든. 조선 최초로 전기가 들어올 거야. 대원군이 직접 주관하는 행사라 운현궁 사람들이 다 발전소를 지키기 위해 불려 갔어."

한별도, 지아도 고개를 끄덕였다. 그의 말대로라면 바로 오늘이 이 많은 사람들 모두 궁에 들어갈 유일한 기회였다. 알렌은 주도면밀하게도 이들을 위해 마차까지 준비했던 터였다.

 공사관을 벗어나 조금 걷자 과연 알렌의 말대로 밤처럼 짙고 윤기 나는 말들에 매어진 채 줄지어 늘어선 십여 대의 마차가 보였다. 몇 대는 알렌이 병원에서 끌고 온 마차였지만 나머지는 조선 왕실의 상징인 배꽃과 용 문양이 섬세한 솜씨로 새겨져 있었다. 고종의 이런 배려에 가장 반발이 심하던 김옥균조차 약간은 들뜬 표정을 지었다.

 하지만 그 분위기는 자영이 가장 앞선 마차의 문을 여는 순간 산산이 부서지고 말았다. 당연히 텅 비어 있어야 할 마차 안에 전혀 예상치도 못한 사람이 타고 있었던 것이다.

 "도둑고양이처럼 궁을 나가더니 돌아올 때도 그러실 생각이오?"

 잔뜩 비틀린 웃음을 지으며 마차에서 내려선 것은 수염이 희끗희끗 센 노인이었다. 그를 본 자영은 마치 귀신이라도 본 듯 하얗게 질렸다. 그녀는 노인이 마차에서 내려오자 자신도 모르게 몇 발짝 뒷걸음질 쳤다.

 자영이 조금 물러서자 그제야 마차 그림자에 노인의 얼굴이 온전히 드러났다. 작은 키에 허름한 도포, 닳아빠진 가죽신을 신은 그는 거리에서 볼 수 있는 평범한 노인처럼 보였다. 하지만 그를 본 사람들의 입에서는 탄식이 터져 나왔다.

 "맙소사!"

 "대원위大院位 대감!"

 "크읔……. 국태공이 어찌 이곳에!"

"대원위 대감!"

지아조차 놀란 듯 입을 틀어막았다. 노인의 정체를 모르던 한별도 사람들의 외침을 듣고는 눈을 동그랗게 떴다.

"흥선대원군?"

대원군은 사람들의 반응이 썩 마음에 든 듯 비틀리고 건조한 웃음을 지었다. 그의 반쯤 감긴, 야비할 정도로 번들거리는 눈과 마주치자 한별은 자신도 모르게 소름이 돋았다. 한 회장과는 또 다른, 몇 배는 위험하고 악의에 가득 찬 눈빛이었다. 바로 곁에 선 지아의 침 삼키는 소리가 한별의 귀에 천둥처럼 들려왔다.

"쯧쯧, 계집애의 세 치 혀에 놀아나는 어리석은 자들."

대원군은 쥐같이 번뜩이는 눈빛으로 자영의 뒤에 서 있는 사람들을 한 차례 쓸어 보았다.

"말씀이 심하시오!"

누군가 외쳤다. 하지만 대원군은 그에게 반응하는 대신 한쪽 손을 번쩍 치켜들었다.

"주상의 뜻에 반하는 불온한 무리들이다! 모조리 잡아들여!"

노인의 것이라 상상도 할 수 없는 우렁우렁한 외침이 대원군의 입에서 터져 나왔다.

"와아아아아~~!"

"역도들을 잡아라!"

"대역무도한 놈들!"

마차가 세워져 있던 얕은 담장 너머에서 들불처럼 횃불이 치솟았다.

며느리와 시아버지의 불꽃 대결

동시에 마차에서 검고 붉은 옷을 입은 병졸들이 우르르 몰려나왔다. 운현궁 주변을 지키는 수직사의 군졸들이었다. 작정을 한 듯 그들의 손에는 각이 선 육모방망이와 밧줄이 들려 있었다.

"대원위 대감의 명이다! 한 놈도 남김없이 묶어!"

한 손에 횃불을, 다른 손에는 죽도를 든 일단의 무리 역시 낮은 담장을 타 넘고 골목 안쪽으로 쏟아져 내렸다. 발전소로 향했다는 운현궁의 왈패들이었다. 그 수만 족히 백여 명이었다. 드물지만 총을 든 자들도 있었다.

병졸들만으로도 이미 기가 질려 있던 개화파 유생들의 얼굴은 파리하게 질려 갔다. 그들 중에는 검술을 배운 자들도 적지 않았지만 워낙 순식간에 당한 일인 데다가 입궐을 하기 위해 수중에는 무기가 될 만한 것도 없었다. 더구나 장소는 좁은 골목, 도망칠 곳도 없었다. 거리를 좁혀 들어오는 왈패들의 눈동자는 살기로 번들거리고 있었다.

개화파 유생들 중 누군가가 끓는 듯한 목소리로 외쳤다.

"이게 어찌 된 일입니까, 중전?"

"설마 우리를 잡으려 일부러 함정이라도 판 거요?"

또 다른 누군가의 외침도 뒤따랐다. 원망과 설움이 가득한 목소리였다.

"아닙니다! 아니에요. 저도 몰랐던 일입니다."

자영은 필사적으로 고개를 저었다. 한별과 지아도 화가 나 외쳤다.

"무슨 말을 그렇게 해요?"

"중전마마도 함께 포위당한 거 안 보여요? 미리 공모했다면 아직까지 이쪽에 있겠어요?"

진즉 미소가 사라진 알렌이 신음처럼 말했다.

"미안합니다. 차라리 베베르 공사의 마차에 타실 걸 그랬습니다. 그랬다면 적어도 중전마마는 무사하셨을 것을……."

"아니요. 차라리 모두와 함께인 이쪽이 더 좋습니다."

자영은 고개를 저은 뒤 왈패들 뒤로 보이는 대원군을 향해 외쳤다.

"아버님께서 원하는 건 저 하나지 않습니까? 곱게 잡혀 드릴 터이니 다른 분들은 보내 드리시지요."

"주, 중전마마!"

깜짝 놀란 알렌과 한별, 지아가 동시에 외쳤다. 하지만 대원군은 싸늘한 눈빛으로 대꾸했다.

"난 바보가 아니오. 골치 아픈 중전과 개화파들을 한 번에 처리할 수 있는데 내가 뭐 때문에 이런 기회를 날린단 말이오?"

그렇게 말하며 대원군은 부하들을 향해 작게 고개를 끄덕였다.

"쳐라!"

동시에 개화파들의 머리 위로 몽둥이며 죽도가 날아들었다.

"으억!"

"스승님! 이놈들……!"

"중전마마! 이쪽으로 오세요!"

"한별아! 뒤쪽이야!"

비명과 고함, 울분에 찬 신음소리로 골목 안은 순식간에 아수라장으로 변했다. 개화파들 중 젊은 유생들은 오히려 왈패들을 거꾸러뜨린 뒤 무기를 빼앗아 휘둘렀다. 하지만 대부분의 사람들이 평생 글만 읽던 선비였다. 그들은 속절없이 몽둥이에 얻어맞아 쓰러졌다. 김옥균 등 젊은 유생들은 미친 듯 발악하다가 남들보다 몇 배는 더 심하게 얻어맞고는 처참한 모습으로 바닥에 쓰러졌다.

"으아아아아!"

누군가의 짐승 같은 절규에 자영은 다 틀렸다는 듯 허탈한 표정을 지었다. 그리고 그런 자영을 향해 거구의 사내 넷이 다가섰다. 다른 사람들과는 확연히 구분되는 우람한 체구에 산적처럼 수염을 덥수룩하게 기른 사내들은 대원군의 수족으로 각각 천희연, 하정일, 장순규, 안필주라는 인물들이었다. 사람들은 그들의 이름 첫 글자를 따서 이들을 '천하장안'이라고 불렀다.

당시로서는 천하다 할 수 있는 상인 출신인 데다가 글자도 모르는 이들은 대원군의 이름을 업고 온갖 권력을 향유하고 있었다. 당연하게도 이들의 대원군에 대한 충성심은 무조건적이고 맹목적이었다. 대원군을 대신하여 온갖 더럽고 궂은일을 도맡았으며, 대원군의 뜻이라면 어떤 짓도 불사했다. 지금도 그들의 손에는 다른 사람들과는 다르게 시퍼렇게 날이 선 진검이 들려 있었다.

다가오는 네 명의 장정이 누구인지 알아본 자영은 두 눈을 질끈 감았다. 동시에 네 개의 칼날이 밤공기를 가르며 그녀의 온몸으로 날아들었다.

"아악!"

"중전마마!"

사람들에게 이리저리 쓸려 다니는 바람에 자영의 곁에서 잠시 떨어진 한별과 지아가 합창하듯 외쳤다. 싸움에 휘말려 왈패 하나와 흙바닥을 뒹굴던 알렌도 외마디 비명을 질렀다.

 탕! 타앙!

 "으윽!"

 요란한 총성이 울린 것은 바로 그 순간이었다. 천하장안은 일제히 칼을 떨어뜨리며 팔다리를 움켜잡았다. 서로 뒤엉켜 싸우던 다른 사람들 역시 윽, 하는 신음소리를 내며 일제히 그 자리에 멈춰 섰다. 그리고는 획 총소리가 난 쪽을 바라보았다. 다행히 사람들 가운데 끼어 있어 다치지 않은 지아와 한별 역시 골목 입구 쪽으로 고개를 돌렸다.

 "아버님, 중전은 제가 데려가겠습니다."

 그곳에 고종이 있었다. 그리고 그는 혼자가 아니었다.

 "주상……. 이게 대체 어찌 된 일이오?"

 대원군은 경악한 얼굴로 고종의 뒤에 열을 맞추어 죽 늘어서 있는 병사들을 바라보며 물었다. 서양의 군대처럼 신식 군복을 입고 최신 화기로 무장한 그들은 대원군이 데리고 온 왈패들이나 치렁치렁한 옷을 입은 수직사의 군졸들과는 차원이 다른 정예 병사들이었다.

 고종이 특별히 신경을 쓰며 양성 중인 별기군은 더욱 아니었다. 행여나 어렵사리 잡은 기회를 허사로 만들까 봐 직접 훈련도감에 일러 특별히 수원으로 훈련을 보낸 터였으니까.

 "전하!"

 자영 역시 눈을 크게 떴다. 조금 전 목숨이 날아갈 뻔했던 순간만큼 놀란 얼굴이었다.

며느리와 시아버지의 불꽃 대결

대원군의 부하들도, 개화파 유생들도 한순간 벙어리라도 된 듯 말을 잊었다. 정적이 내려앉은 골목으로 한바탕 차가운 바람이 지나갔다.

침묵을 깬 사람은 고종도, 자영도, 대원군도 아니었다.

"너무 놀라지 마십시오. 폭도들을 진압하고 중전마마를 모시러 왔으니까요."

고종의 뒤에 서 있던 병사들 사이에서 걸어 나온 그는 복장이 무척 특이했다. 목부터 발목까지 길게 늘어지고 번들거리는 비단옷에는 부담스러울 정도로 많은 자수가 놓여 있었고, 머리에는 공작의 깃털 같은 장식이 달린 둥근 모자를 쓰고 있었다. 가장 눈에 띄는 것은 허리까지 길게 땋아 내린 머리카락이었다.

"중국인!"

지아의 입에서 낮은 탄성이 터져 나왔다. 자영과 대원군 역시 비슷한 신음을 토해 냈다.

"청국 공사 위안스카이!"

위안스카이는 자신을 알아보자 짐짓 공손하게 두 손을 모아 쥐며 가볍게 고개를 숙였다. 그럼에도 그의 입가에 걸린 비릿한 미소는 숨길 수가 없었다.

"귀한 분들을 이런 자리에서 만나게 되어 유감스럽습니다. 하지만 조선의 왕께서 특별히 부탁하신 일이라 거절하기도 힘들었으니 부디 널리 이해 바랍니다."

말과는 다르게 그의 눈은 족제비처럼 빛나고 있었다. 그리고 동시에 그의 손이 번쩍 위로 치켜 올라갔다.

타타타타!

바위처럼 꼼짝 않고 있던 청국의 병사들은 위안스카이의 손짓 하나에 일사불란하게 사람들 사이를 반으로 가르며 골목 반대쪽으로 달렸다. 대원군의 부하나 개화파의 유생들은 반항 한 번 해 보지 못한 채 황망히 길을 비켜줄 따름이었다. 그리고 그렇게 생긴 공간으로 고종과 위안스카이가 느릿한 걸음으로 다가왔다. 고종이 자영의 앞에 서는 바람에 자연스럽게 대원군과 정면으로 마주 서게 되었다.

대원군은 붉으락푸르락해진 얼굴로 고종을 쏘아보았다.

"주상! 이게 대체 어찌 된 일입니까? 조선 땅에 청국의 병사들이 활개를 치게 만들다니요!"

"말씀 드렸지 않습니까? 중전을 무사히 궁으로 모시기 위해서라고요."

"멍청하긴! 그렇다고 청과 손을 잡다니!"

대원군의 고함은 철모르는 아들을 훈계하는 아버지의 그것이었다. 하지만 상대는 왕이었고, 보는 눈도 적지 않았다. 고종의 얼굴이 단번에 수치심으로 붉어졌다.

"아버지 역시 일본군과 손을 잡고 계시지 않습니까?"

고종은 대들듯 소리치며 자영을 힐끗 돌아보았다. 마치 원군이라도 청하는 듯한 눈초리였다. 하지만 자영의 말은 그가 예상하던 것이 아니었다.

"전하, 아무리 제 목숨이 위험하고, 설령 제가 죽는다 하더라도 청국 군대의 힘을 빌리시다니요."

대놓고 화를 내지는 못하지만 자영의 얼굴에는 그에 대한 실망감이

며느리와 시아버지의 불꽃 대결

가득했다. 고종의 얼굴이 단번에 일그러졌다. 그런 그의 귀에 자영의 한 마디가 더 들려왔다.

"경솔하셨습니다."

그녀의 한마디에 고종은 화가 난 듯 눈을 치켜떴다.

"내가 이러지 않았으면 당신은 죽었단 말이오! 그리고 이미 벌어진 일이오. 더 이상 아무 말도 하지 마시오."

자영은 그의 반응에 나직이 한숨을 쉬었다. 그의 말이 맞을지도 몰랐다. 위안스카이의 군대는 이미 총을 뽑아 들었고, 덕분에 자신과 친구들은 목숨을 건졌다. 하지만 그로 인해 조선은 더욱더 힘든 처지가 되어 버린 것 또한 사실이었다. 서양의 다른 나라들이 순수하게 교류를 원하는 것과는 달리 일본이나 청국은 노골적으로 조선 침략에 대한 야욕을 드러냈기 때문이다.

대원군은 그런 일본의 심리를 교묘히 이용하여 자신의 권력을 유지하는 데 사용했다. 고종은 그런 대원군의 흉내를 내서 청국에 손을 내민 것이리라. 하지만 안타깝게도 그는 오랜 시간 정치라는 칼날 위에서 춤을 추어 온 대원군이 아니었다. 등 뒤에 선 개화파들의 실망하는 눈초리가 보지 않아도 느껴졌다.

하지만 더 이상 고종을 추궁할 수는 없었다. 어쨌든 그는 왕이었다. 천천히 자영은 고개를 끄덕였다.

"목숨을 구해 주어 감사합니다. 그리고 이분들은 저를 위해 목숨을 아끼지 않으셨던 충신들이십니다. 조선에 없어서는 안 될 인재들이시기도 하고요. 치료를 부탁 드려도 될까요?"

자영의 말에 금세 기분이 좋아진 고종은 흔쾌히 고개를 끄덕였다.

"물론이오. 그렇지 않아도 어의가 준비 중이오. 다 같이 궁으로 가지요."

그의 말 한마디로 모든 것이 결정되었다는 듯 위안스카이의 병사들은 개화파 유생들을 골목 한쪽에 버려졌던 마차에 태웠다.

마차들이 줄지어 떠나고 마지막으로 자영과 한별, 지아만이 남을 때까지 대원군의 분노는 식을 줄을 몰랐다. 아들에게로 향하던 분노는 자영에게로, 그 다음에는 그녀와 꼭 닮은 지아에게로 옮겨 갔다. 총기 가득한 눈동자와 고집스러워 보이는 입매 등 그 옛날의 자영과 거짓말처럼 똑같은 지아를 보자 대원군의 눈에 불꽃이 튀었다.

"그때 그 궁녀! 허어, 새끼 여우였구나! 요즘 주상께서 이상하다 했더니 저 새끼 여우에게 홀린 것이구나! 내 당장……!"

대원군은 자영에게 분노한 이상으로 지아에게 적개심을 드러냈다. 중전인 자영보다 손쉬운 분풀이 상대였기 때문이었다. 눈 깜빡하는 사이 그의 손에는 천하장안 네 명 중 누군가 떨어뜨린, 날이 시퍼렇게 선 장검이 들려 있었다.

"안 돼!"

등 뒤에서 느껴지는 서늘한 기운에 한별은 반사적으로 지아의 앞을 막아섰다. 알렌도 깜짝 놀라 지아 쪽으로 몸을 기울였다. 하지만 그보다 오히려 한 발 빠르게 지아와 대원군 사이를 막아서는 사람이 있었다. 바로 고종이었다.

"안 됩니다."

"주상 옆에 여우가 두 마리나 설치는 꼴은 못 참습니다. 막지 마십시오."

신식 총으로 무장한 청국의 병사들에게 둘러싸여 있으면서도 대원군은 당당하기만 했다. 그의 서슬 퍼런 눈빛은 번뜩이는 칼날보다 오히려 날카로워 보였다. 그의 찌를 듯한 눈과 시선이 마주친 몇몇 병사들은 자신들도 모르는 사이 슬쩍 총구를 내릴 정도였다.

하지만 고종은 완강히 그의 앞을 가로막고 서 있었다. 조금 전과는 다른 굳은 의지가 그의 앙다문 입매를 통해 고스란히 드러났다.

"절대 안 됩니다. 저 애만은 다치게 하지 않겠습니다. 이번만은 절대 잃고 싶지 않아요."

고종의 태도는 단호했다. 하지만 대원군 역시 완강하기는 마찬가지였다. 나란히 달리는 두 폭주기관차처럼 두 사람은 한동안 서로를 마주 보고 서 있었다.

사영은 잠깐 그런 고종을 아련한 눈빛으로 바라보다가 몸을 돌려 마지막으로 남아 있던, 배꽃이 선명이 그려진 마차에 올랐다. 지아와 한별이 그 뒤를 따랐다. 알렌은 어딘가에서 날아온 총알에 스쳐 다른 사람들과 함께 병원으로 향하는 마차를 타고 떠난 뒤였다.

마차에 오르자 비로소 긴장이 풀리는 듯 일행은 깊은 숨을 내쉬었다. 그리고는 일제히 마차 창밖을 바라보았다. 그때까지 대원군과 고종의 대치는 이어지고 있었다.

문득 한별이 고개를 갸웃거리며 지아를 바라보았다.

"그런데 주상전하가 말씀하신 '이번만은'이라는 게 도대체 뭐야?"

지아는 어깨를 으쓱했다. 자신도 고종의 관심과 호감이 부담스러운

참이었다.

"나도 모르지."

당사자가 모른다는 데야 별수 없었다. 한별은 고개를 휙휙 저어 복잡한 생각들을 떨어내려 했다. 하지만 아무리 노력해도 고종의 말은 목에 걸린 생선 가시처럼 침을 삼킬 때마다 한별의 뇌리 한구석을 따끔하게 찔러 왔다.

"으, 미치겠다. 안 그래도 복잡해 죽겠는데 왜 이렇게 꼬이기만 하는 거야?"

머리를 박박 긁어 대는 한별과 달리 자영은 묵묵히 창밖을 내다보다가 슬쩍 시선을 돌렸다. 그리고 마부석 쪽을 가볍게 두드렸다. 그러자 마차는 작은 진동과 함께 천천히 움직이기 시작했다.

마차가 움직이자 한별과 지아는 문득 창밖을 내다보았다. 분한 얼굴로 칼을 버리는 대원군과, 그를 포위하듯 둘러싸는 위안스카이의 병사들 사이에 선 고종이 보였다. 표면상으로는 분명 이겼음에도 아버지에게 칼을 들이댔다는 사실에, 조선의 왕으로 태어나 외세에 의지할 수밖에 없었다는 자괴감에 그의 표정은 씁쓸해 보였다.

그때까지 자영의 시선은 고집스레 마차의 천장에 고정되어 있었다.

"가엾은 분……."

자영은 문득 혼잣말을 중얼거리다가 눈시울이 뜨거워짐을 느꼈다. 하지만 오늘 밤은 눈물을 흘리기 적당한 밤이 아니었다. 그녀는 눈을 지그시 감아 자신의 모든 감정을 차단하려 애썼다.

자영이 다시 눈을 떴을 때, 마차는 이미 궁궐 문 앞에 멈춰 서 있었다. 궁 안에서는 아무도 마차를 탈 수 없었다. 마차에서 내린 자영과 한별, 지아는 잠시 어둠에 잠긴 궁을 바라보다가 천천히 발걸음을 옮겼다. 붉은색으로 칠한 육중한 문이 그들의 앞에서 천천히 열렸다.

 대원군이 청의 군사들에 의해 압송되다시피 끌려갔다는 소문은 해가 뜨기도 전에 한양 구석구석으로 퍼졌다. 군사들을 동원하여 잃었던 권력을 하룻밤에 되찾은 뒤 고종을 대신하여 노골적으로 왕권을 휘두르던 그가 다시 하루아침에 포로 신세가 되었다는 소식에 권력을 향유하고 있던 쇄국파 양반들은 바깥출입을 삼가고 말을 아꼈다. 반대로 개화를 주장하던 사람들은 고종이 직접 개화파들을, 특히 그들의 스승 격인 박규수를 챙겼다는 말에 크게 고무되었다.
 변화는 궁에서부터 시작되었다. 대원군의 실각과 함께 그의 수하임을 자처하던 사람들은 관직을 박탈당하고 재산이 압류되었다. 부와 권력을 양손에 나누어 쥐고 있다가 하루아침에 바닥으로 추락한 셈이었다.
 고종은 그렇게 공백이 된 자리에 박규수를 비롯해 김옥균, 김홍집 등으로 채우는 한편, 알렌의 의견을 받아들여 근대식 병원인 광혜원을 만들었다. 또한 러시아를 시작으로 영국과 미국, 프랑스 등 다양한 서양의 공사들과 수교를 맺어 조선이 국제사회의 일원이라는 점을 알리러는 데 주력했다.
 경복궁을 짓는 등 무리하게 운영되느라 문란해진 삼정, 즉 전정, 군정, 환곡을 손보는 것도 잊지 않았다. 삼정을 감당하지 못하여 허덕이던 백성들은 쌍수를 들고 환호성을 질렀다.

"임금 만세!"

"진즉에 직접 다스리실 걸 그랬어. 그럼 우리 같은 무지렁이들도 살 만했을 건데."

"이제라도 대원군의 그늘을 벗어나셨으니 다행이지. 암, 잘된 일이고말고."

하지만 그 환호를 받을 사람은 고종이 아니라 자영이었다. 개화파를 고종의 곁으로 불러들인 것도, 그들을 설득하여 정치 일선에 나서게 한 것도 그녀였다. 남루한 옷을 입고 각국 공사관을 돌며 공사들을 집요하게 설득하고 그들의 호의를 얻어 낸 사람 역시 자영이었다.

하지만 궁으로 돌아온 자영은 서운한 내색 한 번 내지 않고 묵묵히 중궁전을 지켰다. 가끔씩 찾아와 광혜원을 설립하는 데 조언을 청하는 조카 민영익과 알렌을 몇 차례 만난 것을 제외하고는 지아와 머리를

맞대고 여학교 설립 계획을 짜는 데 온 신경을 집중했다.

"조선이 바뀌려면 먼저 여자들이 바뀌어야 해. 삼종지도三從之道나 맹목적인 순종이 미덕이 아니라는 걸 스스로 깨우쳐야 해. 그렇지 않으면 개화의 가장 큰 피해자는 여자들이 될 거야."

왜 하필 여학교냐는 물음에 자영은 진지한 표정으로 대답했다. 지아는 공감한다는 듯 고개를 끄덕였다.

"그런데 학교 이름은 뭐로 할 거예요?"

자영은 그 말에 잠시 망설이다가 붓을 들어 먹물을 듬뿍 찍었다. 그리고 탁상에 놓인 화선지 위에 활짝 핀 배꽃 한 송이를 그렸다. 배꽃, 즉 이화梨花는 조선 왕실의 상징이기도 했다.

"당연히 이화학당이지."

그때, 문이 왈칵 열리며 입이 툭 튀어나온 한별이 들어섰다.

"어우, 무슨 사람들이 저렇게 많이 몰려온 거야? 힘들어 죽을 뻔했네."

방 안에 앉아 있던 지아는 한별의 달라진 모습에 잠깐 눈을 떼지 못했다. 예전처럼 간편한 무관의 복장이었지만 광택이 남다르고 질 좋은 비단옷에, 덥수룩한 머리를 자수가 들어간 띠로 질끈 묶어 정리한 그는 제법 멋진 소년 군관처럼 보였다. 중궁전의 궁녀들 중 몇몇은 아예 대놓고 얼굴을 붉힐 정도였다.

 옷차림이 달라진 것은 한별뿐이 아니었다. 중궁전의 주인답게 자영은 처음 만났을 때처럼 화려한 한복과 옥과 금으로 만든 비녀로 치장하고 있었고, 지아는 고종과 자영의 배려로 궁녀와는 조금 차별이 되는 아름다운 한복 차림이었다.

 한별은 잠깐 헤벌쭉 벌어지려는 입매를 황급히 숨기며 자영에게 물었다.
 "그런데 왜 아무도 안 만나시는 거예요? 죄다 거절하기 힘들단 말이에요."

 한별의 말처럼 중궁전 앞은 그녀의 얼굴이라도 한 번 보려는 사람들로 연일 시장통을 방불케 했다. 상궁들과 함께 중궁전 앞을 지키며 찾아오는 사람들을 정중히 거절하느라 한별과 상궁들은 허리를 펼 틈이 없었다. 지금도 등이며 뒷목이 뻣뻣하게 결릴 정도였다.
 "아직도 그렇게 많이들 찾아오느냐?"
 "아직도가 아니에요. 날이 갈수록 점점 늘어간다고요."

 한별의 짧은 대답에 자영의 얼굴이 한순간 어두워졌다. 중궁전 앞에 사람들이 모여든다는 것은 그만큼 많은 사람들이 자신의 능력을 인정한다는 뜻이었다. 하지만 자영은 마냥 기뻐할 수가 없었다. 자신이 주목받는 만큼 고종의 입지가 흔들리기 때문이었다. 조선은 왕이 다스리는 나라였다. 모든 공적은 고종에게 집중되어야 했다. 거기에 외척이니 세도정치니 하는 쓸데없는 오해도 피해야 했다.

"쳇, 알 만한 사람들은 다 중전마마가 하신 일들을 안다고요. 숨긴다고 숨겨지는 것도 아닌데…… 아야!"

툴툴거리는 한별의 옆구리를 지아가 모질게 잡아 비틀었다.

"아야! 왜? 틀린 말도 아니잖아. 그리고 우리끼리인데 뭐 어때?"

"쉿! 넌 낮말은 새가 듣고 밤말은 쥐가 듣는다는 속담도 모르니? 여긴 벽에도 귀가 달렸다는 궁궐이란 말이야."

"칫. 그건 다 속담일 뿐이라고. 쥐가 사람 말을 어떻게 알아듣냐? 그리고 벽에 귀가 어딨어?"

"이게 진짜! 말이 그렇다는 거잖아. 말꼬리 잡을래?"

"괜히 심각한 척하니까 그렇지. 생각해 봐. 모든 게 다 잘 풀렸잖아. 젊고 똑똑한 개화파 아저씨들의 주도로 조선은 곧 우호적인 서양 강국들과 교역을 시작할 거고, 난리 법석을 피울 거라는 걱정과는 달리 대원군 아저씨는 아소정我笑亭에 얌전히 잡혀 계시잖아."

한별은 코흘리개 어린아이에게 하듯 손가락을 하나씩 꼽았다.

"천하장안인가 하는 그 부하들도 죽은 듯 운현궁 청소나 하고 있다며? 게다가 중전마마께서 능력 있는 거야 어제오늘 일이 아니잖아. 주상께서도 이 정도 잘난 척은 눈감아 주실 거야. 안 그래요?"

한별의 말 중에 틀린 부분은 없었다. 자영은 얼굴까지 붉히며 열변을 토하는 한별에게 작게 고개를 끄덕여 주었다.

"그래. 다 잘 되었다 치자꾸나."

"그렇다고 치는 게 아니라 정말로 잘 풀린 거라니까요."

"그래. 누가 뭐라니?"

"아우, 진짜! 그러니까 내 말은 좀 대놓고 좋아해도 된다, 이거라고요."

"강한별! 나도 모자라서 중전마마의 말꼬리까지 잡을래? 간이 부었구나, 응?"

"왜 그런 눈으로 노려보는데? 난 그냥 있는 사실을…… 끄악!"

"내가 그만하랬지? 내 말은 이제 말 같지도 않아? 응?"

"미, 미안…… 으악! 아프다니까!"

"호호호!"

"중전마마! 웃지만 말고 지아 좀 말려 주세요!"

"이제 이르기까지? 네가 애냐? 애야?"

"아니, 내 말은…… 끄아악!"

"그래? 그렇단 말이지."

대전에 홀로 앉은 고종은 곁으로 다가선 운검의 말에 묵묵히 고개를 끄덕였다. 연꽃 문양의 문살이 해 질 녘 태양을 받아 긴 그림자를 그의 발 앞까지 드리우고 있었다. 그리고 그 그림자마저 이내 어둠 속에 지워졌다. 등불을 켜지 않은 탓에 대전 안은 싸늘한 정적에 빠졌다. 고종은 등불을 켜려 들어온 상궁을 손짓으로 물리친 뒤 침묵을 이어 갔다.

"전하, 날이 찹니다."

운검이 다시 입을 열었다. 고종은 그 뒤로도 한참 동안 말을 아꼈다가 불쑥 말했다.

"그녀가 웃었다고? 그것도 밝게?"

며느리와 시아버지의 불꽃 대결

낮게 가라앉은 왕의 목소리에 운검은 대답을 피하는 것으로 긍정을 표했다.

"그래……. 그녀가 웃기도 하는구나. 나는 그녀가 강철로 만들어진 꽃인 줄 알았지. 그런데 그녀도 사람이었구나. 슬프면 울고, 기쁘면 웃는. 기왕이면 내 앞에서 웃어 주면 좋았을 것을."

운검은 여전히 말을 아꼈다. 아꼈다기보다는 대답할 필요가 없다는 표현이 맞았다. 고종은 어느새 운검의 존재를 까맣게 잊고 혼잣말을 하고 있었기 때문이었다.

그러다가 문득 고종은 운검이 있는 방향을 똑바로 바라보았다. 어둠 속인데도 운검은 정면으로 그와 시선을 마주쳤다.

"그리고 보니 운검, 너의 웃는 모습은 본 적이 없구나."

"서는 전하의 그림자이옵니다. 감정은 이미 운검이 되는 순간 버렸습니다."

"하지만 너도 사람이지 않느냐?"

"저는 사람이 아니라 칼이옵니다."

운검의 대답은 고집스러울 정도로 같았다. 고종은 몇 번 시도하다가 포기한 듯 고개를 저으며 몸을 일으켰다.

"더 있다가는 상궁들이 난리를 칠 테니 이만 가자."

고종이 대전을 나와 자신의 침전에 들자 운검은 불이 꺼진 방이 바라다보이는 나무에 기대어 섰다. 그리고는 깊이 숨을 들이쉬며 지그시 눈을 감았다.

침전 복도를 오가는 궁녀들의 발소리, 담장 건너편으로 빠르게 지나는 환관들의 옷자락 스치는 소리, 푸드득 산새의 날갯짓하는 소리가 그의 귓가를 파고들었다. 여느 밤과 다르지 않았다. 그제야 운검은 긴장을 풀었다.

긴장이 풀리자 상념이 떠올랐다.

운현궁 앞마당에서 자신과 눈도 마주치지 못하고 수줍게 대원군의 등 뒤로 숨던 어린 왕과 그의 짝이 되기로 결정된 댕기 머리 소녀의 얼굴이 지금도 눈만 감으면 손에 잡힐 듯 선명했다. 삼베옷도 벗지 못한 자영의 얼굴은 지금과는 많이 달랐다. 조그만 일에도 금세 상처를 받아 울먹이는 자영의 눈은 언제나 촉촉이 젖어 있었다.

동시에 또 한 사람, 그 시절의 자영과 닮았지만 너무나도 당돌한 지아의 얼굴도 떠올랐다.

겉모습은 판에 박은 듯 똑같았지만 성격은 정반대인 두 사람을 떠올리며 자신도 모르게 피식 웃음을 흘리던 운검은 한순간 차가운 물을 뒤집어쓴 듯 눈을 번쩍 떴다. 끔찍한 악몽을 꾼 듯 그의 얼굴은 식은땀으로 범벅이 되어 있었다.

"미친! 역도 주제에 인간이려 하다니."

자신을 저주하듯 낮게 내뱉은 그는 밤보다 더 검은 옷자락 위로 자신의 왼쪽 가슴팍을 움켜잡았다. 다른 사람들에겐 보이지 않는, 천형의 낙인이 그 안에 숨겨져 있었다.

反逆

며느리와 시아버지의 불꽃 대결

그는 반역反逆자였다. 그리고 대다수의 역도들이 그렇듯 그의 무리 역시 실패자들이었다. 목숨을 잃는 대신 그는 운검을 자청했다.

운검. 사람이되 사람이 아닌 자, 왕과 함께 살다가 왕과 함께 죽는 자. 다행히 그는 냉혹하다고 정평이 난 대원군이 반할 정도의 칼 솜씨를 가지고 있었다. 그 조건으로 그는 자신과 어머니의 목숨을 구했고, 그 선택을 후회한 적은 없었다. 단 한 번도.

운검은 복잡한 생각을 털어내듯 머리를 흔들고 다시 침전 주위에서 나는 소리에 귀를 기울였다.

갑신정변, 그 최후의 3일!

"이얍! 이야압!"

"좀 조용히 해 줄래? 여기 중궁전 앞마당이거든?"

지아는 이른 새벽부터 목청껏 소란을 떠는 한별에게 눈살을 찌푸리며 말했다. 어디서 구했는지 투박한 목검 한 자루를 들고 이리저리 휘두르며 고함을 질러 대는 바람에 해가 뜨기도 전에 눈을 떠야만 했던 것이다. 사정은 다른 궁녀들도 마찬가지여서 종종걸음으로 마당을 지나며 슬쩍슬쩍 핏발 선 눈으로 한별을 노려보고는 했다. 평소의 호감 어린 시선과는 180도 다른 모습이었다. 숨을 쉴 때마다 하얀 입김이 피어나는 차가운 날씨는 잠 못 잔 그들의 짜증을 두 배쯤 크게 만들었다.

"강한별! 시끄럽다고!"

궁녀들의 달라진 태도에 피식 웃던 지아는 또다시 한별의 고함이 들리자 냅다 소리쳤다.

하지만 정작 당사자인 한별은 들은 척도 하지 않았다.

지아는 귀를 막으며 발딱 일어섰다.
"으이구, 저 고집불통! 내가 다른 데로 간다, 가."
중궁전 밖으로 나오자 첫서리가 내린 고즈넉한 후원이 눈앞에 펼쳐져 있었다. 지아는 그제야 한가로이 주변을 돌아보았다. 궁녀들이 분주히 돌아다니고, 출입문마다 진검을 허리에 찬 무관들이 형형한 눈빛으로 지키고 있는 지금의 궁궐은 현대의 고궁에서는 느낄 수 없는 생동감이 있었다. 지아는 조선에 온 뒤 처음으로 긴장을 풀어 놓고 산책을 즐겼다.
"어?"
한참 궁궐의 아름다움에 취해 있던 지아가 문득 고개를 갸웃거렸다. 후원 반대쪽으로 우르르 몰려가는 궁녀들을 발견했기 때문이었다. 호기심이 치민 지아는 덩달아 달리기 시작했다.
궁녀들이 향한 곳은 대전이 보이는 담장 쪽이었다. 지아는 궁녀들을 따라 매달리듯 담장에 달라붙었다.
그곳은 다른 곳보다 조금 낮은 데다가 발을 디딜 만한 야트막한 장독대까지 있어 까치발을 들면 대전을 오가는 사람들을 얼핏 엿볼 수 있었다.
평평한 돌들이 깔린 너른 근정전 앞마당에는 녹색 예복을 입은 관리들이 줄지어 늘어서 있었다. 그리고 그들의 적대적인 시선을 받으며 한 무리의 사람들이 중앙에 난 돌길을 따라 걸어 들어오는 모습이 보였다.
"저게 뭐야? 옷이 뭐 저래?"
"머리는 또 어떻고?"
"겨울인데 저런 신발을 어떻게 신었지? 안 미끄럽나?"
궁녀들은 그들을 보며 속닥거리며 숨죽여 웃었다. 평생을 궁에 갇혀

지루한 일상을 보내던 그들에게 어쩌다 한 번 궁 안에 들어오는 외국인들을 구경하는 것은 큰 재미 중의 하나였다.

하지만 지아의 표정은 하얀 천 위에 붉은 원이 그려진 일장기를 든 선두의 사내를 보는 순간 심각하게 굳어졌다.

"일본인들! 왜 궁궐에?"

정수리 위로 상투처럼 틀어 올린 머리카락과 도포 자락처럼 넓은 소매의 겉옷, 그리고 나막신을 신은 선두의 사내를 제외하면, 뒤따르는 사람들은 모두 가죽 군화에 둥근 모자, 그리고 목까지 꽉 잠근 군복 차림이었다. 총이나 칼을 풀어 놓았는지는 보이지 않았지만 눈빛만큼은 잘 갈아진 칼처럼 예리했다.

"이 녀석들! 여기가 어디라고 호들갑이냐?"

이때, 나이 지긋한 상궁의 불호령이 떨어졌다. 화들짝 놀란 궁녀들은 꺅, 소리를 지르며 뿔뿔이 흩어졌다. 지아도 그들 못지않은 발걸음으로 중궁전을 향해 달렸다.

"아마 일본 공사 미우라 고로三浦梧樓일 거야."

놀란 지아와는 달리 자영은 태연하게 말했다.

"미우라…… 고로?"

지아의 뒤를 쫓아 들어온 한별이 고개를 갸웃거렸다.

"이노우에 가오루井上馨의 뒤를 이어 공사가 된 사람이라는 소식만 들었단다. 어려서부터 군대에 있던 사람이라더니 인사를 오면서도 군인들과 함께 왔구나."

말을 하는 자영은 눈썹 사이를 찌푸렸다.

"전에 있던 이노우에 가오루는 너무 속내가 깊어 대하기 힘들었는데 미우라 고로라는 자는 말이 통할지 모르겠네."

그녀의 걱정은 얼마 지나지 않아 현실로 닥쳐왔다. 미우라는 얼마 전 발생한 군란에서 일본의 희생자가 상당했다며 그 대가로 헉, 소리 나게 많은 배상금과 함께 강화도에 주둔 중인 자국의 군대를 한양 도성 안으로 옮겨 달라며 떼를 써 왔던 것이다.

미우라의 주장은 당연히 거센 반대에 부딪혔다. 평소 서로를 견제하며 으르렁거리던 수구파 원로대신들과 젊은 개화파 대신들이 이번만큼은 입을 모아 한목소리를 냈다.

"미우라, 그 자가 미쳤구나. 도성 안에 군대를 들이겠다니."

소식을 선해 들은 자영은 화를 내기보다 코웃음을 쳤다. 미우라의 요구사항은 그만큼 황당무계했다.

"지아야, 너무 걱정하지 마. 내가 들어도 얼토당토않은데 다들 어련히 알아서 거절하려고. 그 미우라라는 사람도 일부러 억지를 부리는 걸 거야."

한별이 안절부절못하는 지아에게 말했다. 하지만 지아는 여전히 왠지 모를 불안감에 사로잡혀 있었다. 미우라라는 이름 때문이었다. 어디서 들어본 것 같기는 한데 도무지 기억이 떠오르지가 않았던 것이다.

"미안하지만 한 번만 더 대전 쪽의 상황을 살펴 줄래?"

한별은 '또야?'라는 표정을 지었지만 이내 고개를 끄덕였다. 벌써 며칠째 헛걸음질을 하고 있었지만 지아의 표정이 그만큼 절박했기 때문이었다.

"저들의 요구를 들어주자고 하다니! 제정신이오?"

한별이 터덜터덜 근정전 앞에 다다랐을 때, 대전 안에서는 고함이 오가고 있었다. 한별은 고개를 갸웃거리며 대전 뒤로 돌아갔다. 며칠째 중궁전과 대전을 오가는 한별을 알아본 한 내관이 가만히 손짓을 해 자리를 내주었다. 살짝 비켜 열린 문틈으로 대전 안이 훤히 들여다보이는 자리였다.

오늘도 여전히 대전 안은 신료들이 가득했다. 하지만 다른 날과는 달리 그들은 두 무리로 나뉘어져 있었다. 다수를 이루는 것은 하얀 수염을 덥수룩하게 기른 원로대신들과 박규수를 비롯한 개화당의 일부, 그리고 그 반대편에서 목소리를 높이는 사람들은 비교적 나이가 어리고 외국 유학을 다녀온 김옥균, 박영효, 홍영식, 서재필 등 개화당 청년들이었다.

"실제로 군란 때 저들이 입은 피해는 막대합니다. 공관이 통째로 타 버리는가 하면 별기군의 교관 호리모토 레이조堀本禮造를 비롯한 13명의 인명 피해도 있지 않습니까?"

"그렇다고 도성 안에 군대의 주둔을 허용하자는 말이오? 그것도 청국도 아닌 왜국의 군대를!"

"청국은 이미 예전의 청이 아닙니다. 우리가 앞으로 상호 교류해야 할 나라는 일본입니다."

"말도 안 되는 소리! 오랑캐를 어찌……!"

"그렇게 무시만 할 수도 없지 않습니까? 당장 서해 바다에 떠 있는 일본 전함만 해도 하루면 한양 코앞까지 올라올 텐데 그때는 어찌 감당하시려고요?"

"아무리 그렇대도 안 될 말이오."

"저들의 말을 무조건 거부하지 말고 이성적이고 합리적으로 생각해야 합니다. 저들의 군사력은 이미 청국을 넘어섰습니다. 실제로 청국은 저들에게 졌지 않습니까?"

김옥균의 목소리가 대전 안을 쩌렁쩌렁 울렸다. 그의 말에 고종도, 원로대신들도, 그의 스승이라 할 수 있는 박규수도 대꾸할 말을 찾지 못한 채 불편한 표정을 지었다.

김옥균의 말은 조목조목 사실이었다. 일본이 군란 때에 큰 피해를 입은 것도, 전함이 서해에 정박 중인 것도, 무엇보다 청일전쟁에서 승리하여 동아시아의 주역이 되고 있다는 것도.

이때 일본은 청일전쟁에서 승리하여 요동반도를 차지하고, 그에 고무되어 자신들의 왕을 천황이라 칭하며 스스로 제국임을 떨치고 있었다. 대신들 역시 그러한 사실을 잘 알고 있었기에 반박할 말을 찾지 못하고 있었다.

김옥균의 말솜씨에 고종은 썩은 사과를 씹은 듯 얼굴을 일그러뜨린 반면, 대전 한쪽에 앉아 있던 일본 공사 미우라는 회심의 미소를 지었다. 마침내 고종의 입에서 느릿한 말이 흘러나왔다.

"일본의 요구사항을 다시 한 번 검토해 보겠소."

표현은 다시 검토하겠다는 것이었지만 실질적으로는 백기 투항이나 마찬가지였다. 대전 안의 분위기는 고종과 대신들의 마음속을 대변하는 듯 무겁게 가라앉았다. 다만 미우라와 김옥균, 박영효만이 만족한 듯 미소를 지었다.

거기까지 본 한별은 나는 듯이 중궁전으로 달렸다.

"뭐야! 그자가 미치지 않고서야 어찌 조선의 신하가 되어 일본을 위해 목소리를 높인단 말이냐?"

자영의 분노는 대단했다. 그녀는 평소의 침착함도 잊은 채 가락지를 낀 손으로 연방 탁자를 내리쳤다. 지아도 미간을 찌푸렸다. 한별은 괜히 안절부절못하고 엉덩이를 들썩였다.

자영은 그런 한별의 존재도 잊은 채 곰곰이 생각에 잠겼다. 톡톡, 규칙적으로 탁자 두드리는 소리만이 조용한 방 안 공기를 울렸다.

그러기를 한참, 자영이 문득 고개를 들었다.

"김옥균이 아무 이유 없이 그런 일을 벌이진 않았을 거야. 뭔가 다른 게 있어."

"다른 거요?"

"그래. 그렇지 않고서야 일방적으로 일본의 편을 들었을 리가 없어. 조금 반항적이긴 하지만 그 역시 조선을 위하는 마음은 누구 못지않은 청년이었으니까."

자영은 그렇게 말하고는 지아와 한별의 손을 잡았다.

"미안하지만 오늘 밤 우정국 행사가 끝날 시간에 맞춰서 박규수 어르신을 좀 모시고 와 줄래? 도대체 뭐가 어떻게 돌아가는 건지 속사정을 알아야겠어."

마음 같아서는 직접 북촌으로 달려가고 싶은 자영이었다. 하지만 오늘 밤은 우정총국의 개관을 축하하는 잔치가 열리는 날이었다. 통리교

섭통상사무아문統理交涉通商事務衙門 내에 설치되는 우정총국은 조선 최초로 서양의 우편체계를 따라 설치되는 관청이었다. 이런 이유로 한양에 있는 각국의 공사들과 귀빈들이 다수 초청되는 중요한 자리여서 도저히 빠질 수가 없었다.

지아와 한별은 고개를 끄덕였다.

"걱정 마세요."

"틀림없이 모시고 올게요."

그제야 자영은 조금이나마 편한 마음으로 옷을 갈아입기 시작했다.

우정총국의 개관은 왕실 사람들뿐만 아니라 한양 백성들 사이에서도 화젯거리였다. 북촌으로 가는 동안, 들리는 이야기라고는 온통 신식 편지니 우표니 하는 말뿐이었다.

하지만 북촌 입구에 다다르자 들뜬 분위기는 온데간데없이 마치 전쟁터처럼 삼엄한 기운이 팽배했다. 창검으로 무장한 채 눈을 번뜩이는 일본군들 때문이었다.

"이게 어떻게 된 거야? 일본군들은 아직 도성 밖에 있어야 하는 거 아니야?"

"그러게. 이상하네."

지아와 한별은 일본군의 눈을 피해 다닥다닥 붙어 선 초옥과 초옥 사이를 도둑처럼 발소리를 죽이며 걸었다. 북촌의 중앙으로 갈수록 일본군의 수는 점점 늘어났다. 그리고 박규수의 집 앞에 도착했을 때 지아와 한별은 입을 쩍 벌렸다. 완전무장을 한 병사들이 박규수의 초옥을 포위하듯 빙 둘러싸고 있었던 것이다. 두 사람은 입술을 질끈 깨물어 터져 나오려는 비명을 삼키고는 옆집의 지붕으로 기어올랐다.

내려다본 박규수의 초옥 마당에는 여러 사람이 서 있었다. 대부분 눈에 익은 얼굴들이었다. 가장 먼저 박규수가 보였다. 무척 화가 난 듯 그의 얼굴은 평소와는 달리 잔뜩 일그러져 있었다.

그들의 반대쪽에는 김옥균과 박영효, 홍영식, 서재필이 서 있었다. 그리고 그 한쪽에는 머리끝부터 발끝까지 군복을 차려입은 미우라가 실소를 흘리며 서 있었다.

"뭐, 뭐야?"

지붕 위에서 이 광경을 내려다보던 한별이 중얼거렸다. 지아는 대답 대신 지그시 입술을 깨물었다. 개혁이 시작된 것이다. 그것도 가장 나쁜 방법으로.

지아가 생략한 대답을 대신하기라도 하듯 박규수가 김옥균에게 호통을 쳤다.

"고우! 네가 감히 오백 년 종묘사직을 능멸할 셈이냐?"

고우는 김옥균의 호였다. 박규수로부터 질책을 받은 김옥균은 잠깐 어깨를 움찔했다가 오히려 목소리를 높였다.

"그 반대입니다, 스승님. 썩어 버린 싹을 잘라 내고 새로이 싹을 틔우자는 것입니다. 저희가 바라는 것은 오직 조선의 부국강병뿐입니다. 왕실 또한 전보다 더욱 강하고 반듯이 세울 수 있습니다."

"외세를 등에 업고 그런 것이 가능하리라 보느냐?"

김옥균은 연이어 터져 나오는 박규수의 질책에도 자신의 뜻을 굽히지 않았다.

"할 수 있습니다. 자신도 있고요. 일본이 메이지 유신으로 강해졌듯이 조선 역시 서구문물을 받아들이면서도 강력한 국가체제를 가질 수 있습니다. 저와 제 친구들이 증명하겠습니다."

김옥균은 그렇게 말하고는 고개를 까딱여 인사를 했다. 그리고는 돌아서서 잰걸음으로 초옥을 빠져나갔다. 김옥균의 뒤를 서재필 등 급진개화당의 청년들이 줄지어 따랐고, 또다시 그 뒤를 총칼로 무장한 일본군이 열을 맞추어 뒤따랐다. 하지만 미우라와 몇몇 병사들은 여전히 남아 박규수에게 총을 겨누고 있었다.

문득 박규수가 깊은 한숨을 쉬었다.

"내가 저들을 잘못 가르쳤구나. 한 치 앞을 내다보지 못하다니."

옆집 지붕 위에서 그 광경을 내려다보던 한별과 지아는 동시에 서로를 바라보았다.

"아무래도 큰일 난 것 같지?"

"응. 네가 걸음이 빠르니까 가서 알려. 난 여기 남아서 조금 더 상황을 살필게."

"알았어. 나 없는 동안 조심해."

한별의 당부에 지아는 작게 웃었다.

"걱정 마. 여기에 있으면 아무도 모를 거야. 너나 안 들키게 조심해."

한별은 고개를 끄덕이며 뒤로 엉금엉금 기어갔다. 그리고는 발소리도 내지 않은 채 아래로 뛰어내렸다. 한별이 새벽부터 소란을 떨며 훈련했던 보람은 있다고 속으로 중얼거리며 지아는 자신도 모르게 피식 웃어버렸다.

"넌 조선의 개화 따위에는 관심이 없다. 왜 옥균을 돕느냐?"

그러는 사이 박규수의 목소리가 다시 들렸다. 지아는 정신을 바싹 차리고 초가지붕 밖으로 고개를 쏙 내밀었다.

미우라는 대답 대신 비열해 보이는 미소를 입에 걸었다. 박규수가 다시 물었다.

"네가 진짜로 바라는 것이 무엇이냐고 물었다."

"우리는 새 주상과 중전을 원한다. 일본에 아주 우호적이면서도 협조적인. 어리면 더욱 좋겠지."

미우라는 이번에도 대답하지 않을 것처럼 한참이나 뜸을 들이다가 입을 열었다. 서툰 조선어였지만 내용만큼은 경악할 만한 것이었다. 박규수의 얼굴에 분노가 단번에 떠올랐다.

박규수가 미우라를 노려보며 말했다.

"그럼 지금의 주상과 중전은 어쩔 셈이냐?"

대답 대신 미우라는 이번에도 단지 음흉하게 웃을 뿐이었다. 그것으로 충분한 답이 되었는지 박규수는 두 눈을 지그시 감으며 근심의 신음을 흘렸다.

"어리석은 고우……."

챙!

그 순간, 미우라의 허리에 걸려 있던 장검이 번뜩이며 허공을 갈랐다. 동시에 털썩, 하는 가벼운 소리와 함께 박규수의 몸이 서리가 내린 차가운 흙바닥으로 쓰러졌다.

"읍!"

눈앞에서 펼쳐진 참극에 지아는 다급히 입을 틀어막아 터져 나오려는 비명을 삼켰다. 하지만 예리하게 날이 선 미우라는 그 작은 소리조차 잡아냈다.

"누구냐?"

미우라는 단번에 지아가 숨어 있는 지붕 쪽으로 돌아서며 날카롭게 소리쳤다. 지아는 놀라 후다닥 초가의 지푸라기 밑으로 몸을 숨겼다. 하지만 그 소리는 오히려 미우라와 그 일당을 더욱 자극했을 뿐이었다.

"쥐새끼가 숨어 있었군."

저벅저벅!

발소리가 가까워질수록 지아의 얼굴은 점점 더 하얗게 질려 갔다. 숨소리 한 올 새어 나오지 않을 정도로 단단히 입을 틀어막은 지아는 눈을 질끈 감은 채 소리 없이 외쳤다.

'한별아, 빨리 와!'

지아의 상황을 모르는 한별은 골목과 골목 사이를 가로질러 가까스로 궁궐 앞에 도착했다. 다행히 김옥균 일당보다 먼저 도착한 듯 궁궐 안팎은 쥐 죽은 듯 조용했다. 한별은 가슴을 쓸어내리고는 잰걸음을 놓아 중궁전으로 향했다. 하지만 중궁전은 텅 빈 듯 불이 꺼져 있었다.

중궁전뿐만이 아니었다. 고종이 있어야 할 근정전도, 침전도 모두 불이 꺼져 있었고, 밤이 늦도록 분주히 돌아다니던 규장각의 각신벼슬아치들도, 신료들도 보이지 않았다. 다급한 마음에 미친 듯 사방을 둘러보던 한별은 때마침 지나는 궁녀를 붙들었다.

"중전마마는 어디 계셔? 주상전하는? 왜 아무도 없는 거야?"

궁녀는 눈이라도 내릴 것 같은 날씨에 땀범벅이 되어 더운 숨을 몰아쉬는 한별을 이상하다는 듯 보며 말했다.

"오늘 우정국을 여는 축하연이 있잖아. 한양 사는 사람들은 죄다 거기로 갔을 텐데 너 모르니? 당연히 주상전하와 중전마마도 거기 계시지."

궁녀의 말에 한별은 그제야 자신의 머리를 때렸다.

"아차, 그랬지! 이런 바보, 그런 중요한 걸 잊어버리고 있었다니."

다시 헐레벌떡 달려간 우정국 주변은 이미 일본 군대가 출입문을 봉쇄하고 있었다. 보름달만큼이나 큼직한 전등을 밝힌 우정국을 겹겹이 포위한 일본군 사이사이에는 조금 전 박규수의 초가 마당에서 보았던 개화파 청년들이 끼어 있었다.

한발 늦은 것이다. 한별은 턱까지 닿은 숨을 토해 내며 자신을 원망했다.

"이런 바보……."

그때, 웅성거리는 소리와 함께 한 무리의 사람들이 쫓겨나듯 쏟아져 나왔다. 연미복과 드레스를 입은 타국의 공사들과 그 부인 등 축하연에 초대받았던 귀빈들이었다. 일본군에 의해 내쫓김을 당한 그들은 화가 난 듯, 일부는 경악스러운 듯 자기 나라 말로 한참을 떠들다가 각자의 마차에 올라탔다. 한별은 그들 가운데에서 베베르 러시아 공사를 발견하고는 급히 그에게 달려갔다.

"공사님! 중전마마와 주상전하는요? 아직도 안에 계세요?"

베베르는 한눈에 한별을 알아보았다. 그는 잠시 한별과 눈을 마주친 뒤 묵묵히 고개를 저었다.

"김옥균이란 자가 경우궁景祐宮으로 끌고 갔다. 안에는 아무도 없어."

이곳에서 멀지 않은 계동에 있는 경우궁은 순조의 생모인 수빈 박씨의 묘를 모신 사당이었다. 한별은 베베르의 말에 즉시 경우궁으로 달려가려는 듯 몸을 돌렸다.

"불이야!"

한별의 발을 붙든 것은 누군가의 짧은 외침이었다. 한별은 무심코 뒤를 돌아보다가 우뚝 멈춰 섰다. 방금 그가 달려온 쪽에서 거짓말처럼 붉은 화광이 넘실대고 있었다.

"저쪽이면 북촌이지?"

"아이쿠, 저 정도 불길이면 북촌이 통째로 타 버리겠구먼."

누군가의 입을 통해 한별의 불안감이 고스란히 쏟아져 나왔다. 계동이니 경우궁이니 하는 말들은 더 이상 한별의 머릿속에 들어 있지 않았다.

한별은 파랗게 질린 얼굴로 외쳤다.

"지아!"

한걸음에 북촌까지 달려온 한별은 망연자실한 얼굴로 우뚝 멈춰 섰다. 이미 화마가 휩쓸고 지나간 북촌 일대는 잿더미만이 가득했다. 특히 박규수의 집과 지아가 숨어 있던 집은 주춧돌 하나, 뼈대 하나 남기지 않을 정도로 폭삭 무너져 있었다.

"안 돼!"

한별은 절규하듯 울부짖으며 맨손으로 숯덩이를 뒤지기 시작했다. 아직 열기가 채 가시지 않은 숯은 뿌연 먼지와 함께 하얀 연기를 피워 댔다. 하지만 아무리 뒤져 보아도 나오는 것은 다 타 버린 가재도구와 못 쓰게 된 놋그릇뿐이었다. 기진맥진한 한별은 잿더미 한가운데 털썩 무릎을 꿇었다.

"가는 게 아니었어. 지아 혼자 두고 가는 게 아니었어. 지키지 못했어……."

새까만 재로 뒤덮인 손바닥 위로 눈물이 점점이 떨어졌다. 숨을 죽인 한별의 어깨가 들썩이기 시작했다. 그리고는 이내 아기처럼 목 놓아 흐느꼈다.

"흐어어엉! 지아야~!"

"한별아……."

풀벌레처럼 작은 목소리가 들린 것은 바로 그 순간이었다. 한별은 소스라치듯 놀라 뒤를 돌아보았다.

그곳에 거짓말처럼 지아가 서 있었다. 불에 그슬린 듯 옷 여기저기에 검댕이 묻고, 다친 듯 한쪽 다리를 절뚝거렸지만 분명 살아 있는 지아였다. 그리고 지아의 뒤엔 그녀보다 몇 배는 더 엉망으로 다친 운검이 여전히 무표정한 얼굴로 서 있었다.

지아가 말했다.

"다행히 운검 아저씨가 제 시간에……."

"지아야!"

지아는 말을 잇지 못했다. 한걸음에 달려온 한별이 그녀를 와락 안았기 때문이었다.

"네가 죽은 줄 알았어. 다시는 널 떠나지 않을게. 맹세해."

한별의 마음은 입이 아닌 가슴으로 지아에게 전해졌다. 지아는 아직까지 놀라 떨고 있는 한별의 등을 토닥여 주었다.

"그래."

두 사람의 해후는 그리 오랫동안 지속되지 못했다. 한쪽에 잠자코 서 있던 운검이 불쑥 말을 꺼냈던 것이다.

"그럴 시간 없다. 이 밤이 끝나기 전에 전하와 중전마마를 뵈어야 해."

1895 을미년, 비극이 시작되다

　겨울밤 경우궁 안의 공기는 소름이 돋을 정도로 차가웠다. 자영의 입에서 새어 나간 입김은 그대로 하얀 꼬리를 그리며 허공으로 번졌다. 작은 공기의 흐름에도 춤을 추듯 일렁이는 촛불, 그리고 이 불빛에 얼핏얼핏 드러나는 죽은 자의 위패 때문에 가뜩이나 차가운 공기는 더욱 스산하게 느껴졌다. 자영과 고종은 그 싸늘한 공간의 한가운데 버려진 것처럼 내던져져 있었다.
　"이 미친 자들이……."
　자영은 소름이 돋은 팔을 쓸어내리며 분노를 숨기지 않았다. 고종은 이 갑작스러운 상황에 화도 내지 못한 채 두려운 눈으로 사방을 두리번거릴 뿐이었다.

　"이건 좀 심한 듯싶습니다. 차라리 창경궁으로 장소를 옮기는 것이 낫겠소이다."

같은 시간, 김옥균은 경우궁 앞마당에서 미우라와 마주 서 있었다. 그의 눈에도 경우궁은 왕과 왕비를 모시기에 알맞은 공간이 아니었다. 하지만 미우라는 고개를 저었다.

"우리 병력은 고작 백오십 명 안팎이오. 그 인원으로 창경궁 전체를 포위할 수는 없소이다. 정변이 끝날 때까진 이곳에 모시도록 하시오."

미우라는 마치 김옥균이 자신의 부하라도 되는 양 명령조로 말했다. 김옥균의 미간이 살짝 일그러졌다.

"이보시오……."

"그리고 이건 새로 조선을 이끌 조정 대신들의 명단이오. 중요한 자리는 그쪽 사람들을 넣었으니 불만은 없을 거요."

김옥균은 더욱 얼굴을 찌푸리며 그가 건네는 종이를 받아 들었다. 커다란 화톳불의 불빛을 받아 읽어 보니 좌의정에 서광범, 우의정에 홍영식, 호조참판에는 자신의 이름이 적혀 있었다. 그 밖에도 박영효는 한성부판윤, 서재필은 병조참판에 임명한다는 내용이었다. 모두가 이번 개혁에 가담한 개화당 인사들이었지만 개중에는 맹목적으로 일본을 추종하는 사람들의 이름도 대거 포함되어 있었다. 그들 대부분은 외교 관련 분야이거나 국가의 재정을 좌우하는 직책 옆에 나란히 이름을 올리고 있었다. 심지어 일본인의 이름도 보였다. 반면 그때까지 중책을 맡았던 원로대신들의 이름은 단 한 줄도 없었다. 김옥균은 난색을 표했다.

"이건 너무 편파적이지 않소?"

"왕을 납치한 주제에 이제 와서 공정이니 어쩌니 찾을 생각이오? 잔말 말고 안에 들어가서 국새나 찍어 오시오."

미우라는 코웃음을 치고는 조롱기가 묻어나는 음성으로 말했다.

"미우라 공사, 지금 나를 겁박하려는 거요?"

종이를 말아 쥔 김옥균의 주먹이 파르르 떨렸다. 미우라는 정색을 하고 묻는 김옥균과는 반대로 웃음을 흘렸다.

"겁박이 아니오. 당신이 처한 현실을 정확히 알려 주려는 것뿐이지. 당신은 이번 정변에서 반드시 성공해야 하오. 그러기 위해서는 내 요구사항이라면 무엇이든 들어주어야 하지. 그렇지 않으면 난 군사들을 거둘 거고, 그렇게 되면 조선의 개화는 영원히 물 건너가는 거지. 물론 당신들은 반역자라는 이름으로 죽음을 피할 수 없을 테고."

미우라의 말에 김옥균은 주먹을 꽉 틀어쥐었다. 그런 그에게 미우라가 씩 웃으며 말했다.

"아, 잊을 뻔했군. 후일 세자가 태어나면 꼭 일본 유학을 시키도록 해야 하오. 천황폐하께서도 무척 기대하고 있으니까. 하하하!"

김옥균은 점점 더 뻔뻔해지는 미우라의 요구 조건에 두 눈을 질끈 감았다. 헤어 나올 수 없는 수렁에 빠진 듯 온몸이 무거웠다. 손에 쥔 종잇조각이 마치 잘 갈아진 칼날이라도 된 양 따끔거렸다.

"군왕과 중전을 능멸하고 일본과 내통하다니! 네가 이러고도 조선 사람이냐?"

김옥균이 경우궁 안으로 들어서자마자 분노한 자영의 목소리가 쩌렁쩌렁 울려 퍼졌다. 김옥균은 그녀의 서슬 퍼런 눈빛에 잠시 움찔했다가 이내 가슴을 폈다.

"조선을 배신한 것이 아니오. 새 왕조, 새로운 조선을 열려는 것이오."

"그래서 도성 안에 일본군을 들이고 조선의 임금을 저들의 군홧발 아래 두었느냐? 그게 네가 바라는 조선이냐?"

"그, 그것은…… 썩은 살을 도려내려면 잠시의 고통은 감내할 수밖에 없소. 그래야 새살이 돋지요."

연이은 지적에 김옥균은 변명하듯 말했다. 하지만 미우라에게서 받은 종이를 내밀 때만큼은 얼굴을 붉히며 슬쩍 시선을 돌렸다. 고종은 물끄러미 그것을 바라보며 물었다.

"이게 무엇이냐?"

"새로이 관직을 얻거나 옮긴 사람들입니다."

"다음 것은 무엇인가?"

고종이 종이 한 장을 걷어 내자 그제야 김옥균은 다시 생기 있는 목소리로 말했다.

"그것은 저희가 만든 개혁정강입니다."

정강의 내용은 가히 혁신적이었다. 그때까지 경국대전에 의존하던 조선의 법체계를 바꾸어 헌법을 만들고, 문벌과 당파를 없애며, 엄격히 유지되던 신분제도를 폐지하여 능력만으로 인재를 등용하는 등 근대국가의 기본 틀을 담고 있었다. 복잡한 정부부처를 하나로 통합하고 행정구역을 정비하는 것은 물론이고, 탐관오리는 법에 의해 강력히 처벌한다는 항목도 포함되어 있었다. 시종일관 적대적인 자영마저 관심을 기울일 정도였다. 하지만 맨 마지막 줄에 덧붙인 세자의 일본 유학 부분에 이르러서는 눈살을 찌푸렸다.

고종이 국새 찍기를 머뭇거린 이유는 왕조차 헌법에 따라야 한다는 낯선 입헌군주제의 개념 때문이었다. 사대부들과 세도 정치로 그 의미가 많이 혼탁해지기는 했지만 조선은 왕이 곧 법인 절대 왕정국가였다. 그것을 자신의 대에 끝낼 결의가 서지 않았던 것이다.

자영도 고개를 저었다.

"나도 반대다. 의도가 아무리 좋아도 방법이 틀렸다면 그것은 바른 길이 아니다. 더구나 미우라는 음험한 자다. 그가 진정으로 조선을 위해 병력을 움직였을 리가 없어. 그의 손을 놓아라. 그럼 목숨은 살려 주겠다."

"가, 갇힌 것은 중전마마인데 누가 누굴 협박하는 것이오?"

자영의 말은 김옥균이 애써 외면하려는 진실을 들쑤셨다. 김옥균은 그것을 감추려는 듯 과도하게 분개하며 무례하게도 고종의 손에 들려 있던 국새를 빼앗아 스스로 종이 위에 찍었다. 그리고는 분노한 고종과 자영이 뭐라고 입을 열 사이도 없이 도망치듯 밖으로 뛰어나갔다.

"김옥균! 저자가 감히……!"

뒤늦게 고종이 파르르 분노로 온몸을 떨었다.

그의 분노가 가라앉기도 전에 미처 닫히지 않은 문으로 놋그릇 몇 개가 놓인 쟁반을 받쳐 든 궁녀와 일본 병사 한 명이 들어왔다. 이리저리 삐친 머리와 검게 그을린 옷 등 궁녀의 옷차림은 완전 거지꼴이었다. 들고 온 음식들도 식어 빠진 밥과 나물 두어 개가 다였다. 도저히 일국의 왕과 왕비가 먹을 음식이 아니었다. 궁녀와 함께 들어온 일본 병사는 고종과 자영의 처지를 비웃는 듯 출입문 쪽 기둥에 기대어 선 채 히죽거렸다.

고종은 힐끗 쟁반 위만 넘겨보고는 그대로 옷자락을 털며 옆방으로 들어갔다.

"입맛이 없으니 도로 가지고 나가거라."

자영도 그의 뒤를 따라 자리에서 일어났다. 하지만 막 돌아서려는 순간 궁녀의 손이 다급히 소맷자락을 붙들었다.

"그러지 말고 조금이라도 드세요. 제발요."

돌아서려던 자영은 궁녀의 집요하고도 다급한 음성에 그대로 멈춰 섰다. 그리고 천천히 돌아섰다.

"너는……!"

꾀죄죄한 몰골의 궁녀는 다름 아닌 지아였다. 지아는 재빨리 한쪽 눈을 찡긋거리며 들고 온 쟁반을 가리켰다.

"드셔야 해요. 안 그럼 전 상궁마마님께 혼이 난다고요."

"그, 그럼 안 되지. 생각해 보니 시장기가 도는 것 같구나. 어서 먹자."

자영은 힐끗 일본 병사의 눈치를 살피며 잔밥을 우걱우걱 입 안으로 밀어 넣었다. 일본 병사는 그런 중전의 꼴이 우스운지 연방 키득거리며 웃어 댔다.

그러거나 말거나 자영은 달그락거리며 밥그릇 바닥까지 깨끗하게 비워 냈다. 그러자 바닥에 지아가 깔아 놓은 작은 종이가 드러났다.

殺

살殺. 단 한 글자가 적힌 종이를 본 자영은 충격을 받은 듯 휘청거렸다. 그 바람에 놋그릇들이 요란한 소리를 내며 바닥으로 떨어졌다. 놋그릇

아래 오목한 부분에 숨겨 놓은 숯과 종잇조각도 함께 바닥으로 굴렀다.

쨍그랑!

"어머! 죄송해요. 제가 치울게요."

지아는 등 뒤에 선 일본 병사의 눈치를 힐끗 보며 다급히 바닥으로 주저앉았다.

"아니다. 내가 떨어뜨렸으니 내가 치우마."

자영도 지아를 따라 풀썩 바닥에 앉았다. 두 여자의 한복 치마가 우산처럼 넓게 펼쳐져 바닥을 덮었다.

한참을 그렇게 앉아 있던 지아는 서두르라는 일본 병사의 재촉을 듣고서야 부랴부랴 쟁반을 들고 일어났다. 그리고는 자영에게 시선을 한 번 준 뒤 보이지 않을 정도로 미미하게 고개를 끄덕였다. 자영 역시 눈짓으로만 그 인사를 받았다.

밖으로 나온 지아는 일본군의 시야에서 벗어나자마자 쟁반에 엎어 놓은 놋그릇을 뒤집었다. 그곳에는 작은 숯 조각과 조그맣게 접힌 한지 조각이 놓여 있었다. 그 두 가지 물건을 챙긴 뒤 지아는 미련 없이 쟁반을 골목 한쪽에 집어던졌다. 그리고는 밤거리를 정신없이 달리기 시작했다.

"정말 여기 맞아?"

한별은 벌써 여러 번 물었던 질문을 또 던지고 말았다. 지아는 그때마다 손에 들린 종잇조각을 내려다보았다.

청淸, 그리고 군軍.

자영이 손바닥만 한 한지 위에 투박한 숯으로 급히 휘갈겨 쓴 두 글

자였다. 지아는 한참이나 글자들을 바라보다가 조그맣게 말했다.

"중전마마도 어쩔 수 없었을 거야. 아마……."

운검까지 세 사람이 서 있는 곳은 궁궐만큼이나 웅장한 청국 공관 앞이었다. 지아는 한참을 망설이던 끝에 주먹으로 문을 쿵쿵 두들겼다.

끼이익!

잠시 후, 새벽의 정적을 깨며 육중한 나무문이 열렸다.

"이게 누구야? 중전마마의 꼬마 친구들과 조선 최고의 무사 운검 아니신가?"

위안스카이는 단번에 한별과 지아, 그리고 운검을 알아보았다. 그가 손가락을 한 번 튕기자 이른 새벽임에도 불구하고 눈 깜빡할 사이에 세 사람 앞에는 산해진미가 산처럼 쌓였다.

"차림새를 보니 힘든 하루였을 것 같군."

그의 말처럼 셋은 하루 종일 물 말고는 아무것도 먹지 못했다. 하지만 누구도 젓가락을 드는 사람은 없었다. 머쓱한 듯 위안스카이가 화제를 돌렸다.

"흠흠, 식사하기엔 좀 이른가? 그나저나 왜 날 찾은 거지?"

지아는 종잇조각을 내놓으며 말했다.

"중전마마의 전갈이에요."

뜻밖이라는 듯 위안스카이의 눈썹이 위로 치켜 올라갔다. 하지만 그는 더 이상 묻지 않고 한참 동안 쪽지에 적힌 두 글자를 뚫어져라 바라보았다.

"살다 보니 중전이 내게 손을 내미는 날이 있군."

그는 껄껄 웃으며 고개를 끄덕였다.

"좋아. 조선은 청국과 각별한 관계이니 모른 척하는 건 도리가 아니지. 이다음은 내가 알아서 할 테니 너희들은 쉬어라."

위안스카이는 발목까지 오는 긴 비단 옷자락을 털며 자리에서 벌떡 일어났다. 그리고는 방을 나서려다가 깜빡 잊은 듯 이마를 톡톡 두들기며 말했다.

"아차, 조금만 기다리렴. 대원군을 모셔 올 테니."

포로처럼 잡혀 있었지만 대원군은 여전했다. 상대의 속마음을 꿰뚫어보는 듯 날카로운 눈매와 얼음처럼 차가운 얼굴, 온몸에서 뿜어져 나오는 기백은 예전보다 오히려 더욱 강렬해져 있었다.

그는 한참 동안이나 자영의 글씨가 적힌 종잇조각을 내려다보다가 문득 고개를 들어 지아와 한별을 바라보았다.

"그 적지를 뚫고 중전을 만나고 오다니. 주상과 중전이 아낄 만하군."

뜻하지 않은 칭찬에 둘은 잠시 말을 잊었다. 굳이 대답을 바란 것이 아니었던 듯 대원군은 자리에서 벌떡 일어났다.

"며느리 덕분에 오랜만에 바깥 공기를 맡겠구나."

대원군은 아무 설명도 필요 없다는 듯 휘적휘적 방을 나섰다. 운검은 아주 당연한 것처럼 그의 뒤를 따랐다.

"이걸로 다 된 건가?"

단 둘이 남자, 그제야 긴장이 풀린 듯 한별이 푹신한 의자에 등을 묻었다. 이미 날이 샌 듯 닫힌 창문 너머로 희뿌연 빛이 새어 들어왔다.

지아도 푹신한 등받이를 베게 삼아 웅크리고 앉았다. 밤 동안 쌓였던 피로로 온몸이 젖은 솜처럼 무거웠다. 앉은 채 잠들면서 지아는 꿈결처럼 중얼거렸다.

"아마도……."

위안스카이는 자영이 기대했던 것보다 더욱 빠르게 움직였다. 그는 한양 인근에 흩어져 있던, 천여 명에 달하는 청국의 병사를 동원하여 김옥균과 개화당의 사병, 그리고 경우궁을 포위하고 있던 일본 병사들을 단숨에 진압했다.

자영 덕분에 자유의 몸이 된 대원군 역시 운현궁의 옛 부하들을 끌어 모아 정변을 일으킨 개화파 청년들의 집을 급습했다.

전혀 예상치 못한 공격에 김옥균과 개화파 사병들은 격렬히 저항했지만 수적 열세를 도저히 당해낼 수가 없었다. 게다가 청국의 군대쯤은 얼마든지 물리칠 수 있다고 호언장담하던 미우라는 대원군 측이 보낸 밀지를 받고는 싸우는 척만 하다가 바로 공관으로 후퇴해버렸다.

위안스카이와 청국에 의해 경우궁에서 풀려난 고종은 자영과 함께 궁으로 돌아간 즉시 정변의 주모자들을 대역죄인으로 공표하였다.

가까스로 위기를 넘긴 김옥균 등은 눈물을 삼키며 도주를 결심해야만 했다. 하지만 도주도 결코 쉽지 않았다. 한양 시내를 제 손바닥 보듯 속속들이 알고 있는 대원군이 사대문 곳곳에 부하들을 보냈기 때문이었다. 박영교와 홍영식은 사대문까지 가 보지도 못한 채 목숨을 잃었고, 가까스로 탈출한 김옥균과 박영효 등 극히 소수만이 일본 망명길에 올랐다.

결국, 그들의 정변은 채 피어 보지도 못한 채 땅에 떨어지고 말았다.

"결국 삼일천하로 끝나는 것인가······."

허름한 고깃배에 오른 뒤 김옥균이 탄식을 터뜨렸다. 그와 뜻을 같이 했던 청년들의 표정도 그와 비슷하였다.

자영이 대원군을 청으로부터, 대원군이 자영을 일본으로부터 구해 주었지만 둘의 관계는 여전히 소원했다. 이미 멀어질 대로 멀어진 둘 사이는 이 정도로 쉽게 풀어질 리가 없었다. 그럼에도 대원군도, 자영도 노골적으로 적대감을 드러내는 것만큼은 삼가는 덕분에 한겨울임에도 궁궐 안에는 봄바람이라도 불 듯 훈훈한 기운이 감돌았다.

하지만 외교나 정치 문제로 돌아오면 둘은 여전히 숙적이요, 앙숙이었다. 대원군은 여전히 일본과 청에 기대는 사대주의적 사상이 강했고, 자영은 서양과의 교류를 넓히며 조선이 홀로 서길 바랐다. 고종 역시 여전히 자영의 의견에 귀를 기울이는 일이 많았다.

청국과 일본의 대표 격인 이홍장과 이토 히로부미가 청일 양국이 동시에 조선에서 병사들을 철수시키겠다는 톈진조약을 맺은 것은 바로 이 시기였다.

위안스카이는 뜻밖에도 고종과 자영을 구해 냈다는 우세함을 버리고 선선히 그 조건에 동의했다. 베트남 등 청국 곳곳에서 분쟁이 끊이지 않았기 때문이었다. 톈진조약이 체결된 즉시 그는 조선에 주둔해 있는 병사들과 함께 본국으로 돌아갔다.

그와는 달리 미우라는 병력을 일본으로 이동하는 척만 했을 뿐, 여전히 많은 사병을 한양에 남겨 두었다. 그리고 위안스카이의 신경이 본토에 쏠려 있는 동안 은밀하고 신속하게 일본의 상인들을 한양으로 불러들였다. 자영이 그런 사정을 알아챘을 때는 이미 조선 상권의 반이 일본의 손에 넘어간 뒤였다.

미우라는 그렇게 불어난 자금을 바탕으로 본격적인 영향력을 행사하기 시작했다. 황금은 예전 그의 무기였던 총칼보다 더욱 훌륭한 무기가 되어 조선의 숨통을 조여들어 왔다.

"이대로는 안 돼."

자영은 필사적으로 외교에 매달렸다. 그녀는 팽창하는 일본의 위험성을 끊임없이 서양 공관에 알렸다. 한별과 지아는 부지런히 자영의 편지를 각국 공관으로 배달했다.

처음에는 아무 반응도 없었다. 하지만 자영은 포기하지 않았다. 결국 가장 먼저 반응을 보인 러시아를 비롯하여 독일과 프랑스가 그녀의 말에 진지하게 귀를 기울였다. 그리고 마침내 삼국은 일본이 점유하고 있는 요동반도를 청에 돌려주라며 일본을 압박하기에 이르렀다.

"와! 잘 됐네요."

베베르 공사를 통해 그런 사실을 전해 들은 지아와 한별은 기쁜 표정을 숨기지 않았다. 그리고 뒤이은 자영의 말에 환호성을 질렀다.

"그것뿐이 아니야. 난 조선을 청이나 일본에 뒤지지 않을 당당한 제국으로 만들 거란다. 벌써 이름도 생각해 놨어. 대한제국."

그녀의 말에 고종도 격양되었는지 양 볼이 붉게 물들었다.

"대한제국……. 좋은 이름이오, 중전. 정말 좋은 이름이오."

쾅!

"도대체 그 여우 같은 여자가 무슨 수로 그들을 홀린 거야?"

도쿄에서 날아든 전문을 읽던 미우라가 책상을 후려쳤다. 전문은 총리대신인 이토 히로부미가 쏟아 내는 질타로 가득했다. 힘겹게 얻은 요동반도를 서양 삼국의 말 몇 마디로 잃게 되었으니 당연한 일이었다. 그리고 그 시발점이 된 자영을 막지 못한 자신에게 떨어진 질책은 거의 저주에 가까웠다.

그런 그에게 좋지 않은 소식이 또 한 번 날아들었다. 붉은 띠가 둘러진 보고서를 열어 본 그는 기어이 상소리를 내뱉고 말았다.

"제국이라니? 대한제국? 누구 마음대로!"

와장창!

책상 위에 놓여 있던 물건들이 벽으로, 바닥으로 날아갔다. 그러고도 분이 풀리지 않았는지 미우라는 벽에 걸린 장검을 뽑아 들었다.

족자며 값비싼 항아리가 두 쪽으로 갈라졌고, 질 좋은 소파가 베어지며 그 안에 있던 눈꽃 같은 솜이 밖으로 흩날렸다.

한참을 미친 사람처럼 날뛰던 미우라는 숨이 턱까지 닿자 그제야 망가진 소파에 털썩 걸터앉았다. 그리고는 한참 동안 침묵하다가 한순간 눈을 번뜩였다.

"이렇게 되면 최후의 수단을 사용할 수밖에."

그는 잡고 있던 장검을 고쳐 잡았다. 손잡이에 두른 가죽의 서늘한 감촉에 잠시 가라앉았던 그의 심장이 다시 날뛰기 시작했다.

"짐승에게는 짐승의 방법이 있기 마련이거든."

탕!

모든 것은 한 발의 총성으로 시작되었다. 총성은 무겁게 가라앉은 겨울밤의 공기를 파르르 진동시키며 사방으로 퍼져 나갔다.

"뭐, 뭐야!"

얕은 잠이 들었던 한별은 단번에 이불을 박차고 일어났다. 방 밖으로 나오자 불안한 얼굴의 지아가 먼저 나와 있었다.

"또 무슨 일이야?"

"나도 몰라."

고개를 흔들던 지아의 눈이 한순간 커다래졌다.

"혹시!"

한별도 비슷한 불안감을 느꼈는지 소리쳤다.

"내가 무슨 일인지 알아볼게. 넌 중전마마에게 가!"

"끄아악!"

"막아라! 단 한 명도 궁에 발을 들이지 못하게 하라!"

"네 이놈들! 여기가 어딘 줄 알고 감히!"

"날이 밝기 전에 끝내야 한다! 밀어붙여!"

궁궐 입구는 말 그대로 아수라장이었다. 궁궐 수비대와 뒤엉켜 싸우는 것은 한별의 예상대로 서양식 군복을 입은 병사들이었다. 무시무시한 총 이외에도 그들의 허리춤에는 길쭉한 칼 한 자루가 걸려 있었다.

한별은 그들을 보다가 문득 외쳤다.

"일본인!"

한별의 말처럼 침입자들은 하나같이 일본도를 허리에 매달고 있었다.

궁궐 수비대원들은 필사적이었다. 하지만 최신식 총과 일본도로 무장한 일본군들의 기세를 꺾기에는 역부족인 듯 연방 뒷걸음질 치고 있었다.

누군가 큰 소리로 외쳤다.

"어서 주상전하와 중전마마께 알려 피하시도록 해라!"

대전을 향해 한 병사가 달리기 시작한 것과 동시에 한별 역시 중궁전 쪽으로 몸을 틀었다.

"무엇이!"

침입자가 있다는 전갈을 받은 고종은 크게 분노했다. 멀리서 비명 소리와 함께 간간이 총성이 섞여 들렸다. 그는 급히 겉옷을 걸치고는 방을 나섰다.

하지만 더 이상은 움직이지 못했다. 뜻밖에 대원군이 방문 밖에 서 있었기 때문이었다.

"아버님!"

"밤이 깊습니다, 주상. 잠자리에 드시지요."

대원군은 고종의 앞을 가로막으며 말했다.

"하지만 궁에 침입자가 있답니다."

"그럴수록 주상께서는 몸을 아끼셔야지요. 행여나 비껴 쏜 총알에 옥체라도 상하면 큰일이 아닙니까?"

"하지만…… 설마 알고 계셨던 겁니까?"

경악하는 고종에 반해 대원군은 시종일관 차분했다. 하지만 그의 눈만큼은 어둠 속에서도 선명히 빛났다.

"이곳에 계시면 무사하실 겁니다. 저들이 원하는 것은 주상이 아니니까요."

고종의 심장이 순간 덜컥 내려앉았다.

"그게 무슨 말씀이십니까? 그럼…… 중전을! 안 됩니다!"

고종은 버럭 외치며 대원군의 옆을 스쳐 지나려 했다. 하지만 그 순간 대원군의 깡마른 손가락이 매의 발톱처럼 그의 팔을 파고들었다.

"지금 가 봐야 이미 늦었을 겁니다."

발버둥 치는 고종의 귓가에 대원군의 서늘한 음성이 전해졌다.

"운검! 중전을 지켜라!"

고종은 피를 토하듯 외쳤다.

필사적으로 달렸지만 이미 침입자들은 중궁전에 도착해 있었다. 정문으로 들이닥친 자들과 달리 이들은 상투처럼 머리를 정수리 꼭대기로 틀어 올리고 소맷자락이 넓은 옷을 입는 등 자신들의 정체를 숨길 마음이 전혀 없어 보였다. 그리고 그들 가운데 미우라가 서 있었다.

"끄어억!"

중궁전 앞을 지키던 무관들은 예리한 일본도를 막지 못하고 단말마를 뿌리며 쓰러졌다. 뒤늦게 도착한 한별의 눈에서 불꽃이 튀었다.

"거기 서! 날 죽이기 전에는 아무도 중궁전으로 못 가!"

한별은 누군가 떨어뜨린 듯한 검 한 자루를 들어 올리며 사무라이들에게 달려들었다. 어린 나이답지 않게 강한 의지가 그의 온몸에서 풍겨 나왔다. 하지만 미우라는 그저 비릿한 웃음만 흘릴 뿐이었다.
"그래? 그럼 죽여야겠군."
창! 차앙!
칼을 뽑아들 때는 느리던 사무라이들이었지만 달려드는 발걸음은 바람처럼 빨랐다. 칼날과 칼날이 부딪히며 불꽃이 튀었다.
"이야압!"
사방에서 날아드는 칼날을 간발의 차이로 피하며 한별은 말 그대로 사력을 다해 칼을 휘둘렀다. 사무라이들은 전혀 예상치 못한 격렬한 저항에 의외라는 듯 주춤하며 놀란 표정을 지었다. 하지만 그것은 잠시뿐이었다. 사무라이들의 공세가 더욱 거세지자 한별의 온몸에는 이내 칼날이 스치며 만든 붉은 선이 그어졌다.
옷이 찢어지고 핏물이 튀어 오르자 한별은 자신도 모르게 한 발짝씩 뒤로 물러서기 시작했다. 그런 그를 끈질기게 뒤따라온 일본도에 의해 뺨과 귓불에서 붉은 선혈이 터져 나왔다.
"크윽!"
한별은 억울하고 분한 마음에 이를 악물어 보았지만 이미 여기저기 다친 몸은 생각대로 움직여 주지 않았다. 싸우기는커녕 칼날을 바닥에 거꾸로 꽂은 채 버티고 서 있는 것이 고작이었다.
"꼬맹아, 이쯤에서 비켜서라."
미우라의 말에 한별은 눈가로 흐르는 핏물을 닦아 내며 고집스레 말했다.
"바보 아냐? 중전마마를 시해하러 온 줄 뻔히 아는데 비켜설 것 같아?"

한별의 말에 미우라의 한쪽 눈썹이 꿈틀거렸다. 동시에 그의 칼날이 허공으로 높이 치켜 올라갔다.

"자비를 거절하다니! 소원대로 죽여 주마!"

그의 칼끝을 따라 반사적으로 한별의 시선이 위로 향했다. 서늘한 칼날이 눈앞으로 들이닥쳤다. 한별은 질끈 눈을 감았다.

카아앙!

하지만 다음 순간, 귀를 찢을 듯한 요란한 소리에 한별은 감았던 눈을 번쩍 떴다. 미우라의 일그러진 얼굴과 운검의 뒷모습이 눈에 들어왔다.

"운검 아저씨!"

운검은 대꾸도 하지 않은 채 팔을 휘둘러 미우라의 칼을 떨쳐 냈다.

운검을 본 미우라는 은밀한 일 처리를 위해 총을 가지고 오지 않은 것을 뼈저리게 후회하며 외쳤다.

"이익……! 모두 덤벼!"

그의 명령을 받은 사무라이들의 칼이 달빛을 산산이 부수며 일제히 운검을 향해 날아들었다.

"가라! 중전마마를 지켜!"

운검은 짧게 외치고는 사무라이들 속으로 뛰어들었다. 사무라이들의 칼끝을 교묘히 피하며 허공으로 날아오르는 그의 몸짓은 마치 나비의 그것처럼 아름다웠다.

잠시 그의 칼춤에 넋을 잃었던 한별은 재빨리 고개를 흔들어 정신을 차린 뒤 외쳤다.

"아저씨, 잠깐 시간만 끌어 주면 돼요! 아셨죠?"

한별이 중궁전으로 들어서는 것을 본 사무라이들은 더욱 사납게 칼을 뿌려 댔다. 아름다울 정도로 그들의 공격을 막아 내던 운검의 몸 이곳저곳에도 조금 전 한별이 그랬듯 상흔이 새겨지기 시작했다.

"중전마마! 지아야!"
한별은 노크할 틈도 없이 중궁전의 문을 벌컥 열고 안으로 뛰어들었다.
밖은 어두웠지만 방 안은 촛불 하나 없이도 대낮처럼 밝았다. 거울이 영롱한 빛을 뿌리고 있었기 때문이었다. 그리고 그 빛의 한가운데 자영이 서 있었다. 마치 밤새 그렇게 앉아 있었던 것처럼 고요하고 편안한 자영의 얼굴에 한별이 오히려 잠깐 머뭇거렸다.
하지만 이내 바깥 상황을 떠올린 한별이 버럭 외쳤다.
"지금 그렇게 여유 부릴 때가 아니에요! 큰일 났다고요! 지금 당장 여기서 나가야 해요!"
"저런! 많이 다쳤니? 약이라도 발라야겠다."
하지만 자영은 오히려 한별을 걱정했다.
"지금 그게 문제가 아니라니까요. 지아야, 너 말씀 안 드렸어? 일본군이 곧 들이닥칠 거라고!"
답답한 듯 가슴을 친 뒤 한별은 지아를 바라보았다.
"벌써 몇 번이나 말씀드렸는데 요지부동이셔."
지아는 눈물을 뚝뚝 흘리며 고개를 저었다.
한별이 외쳤다.
"으아! 운검 아저씨랑 약속했단 말이에요. 꼭 마마를 살리겠다고! 전

처럼 무사히 여기서 데리고 나가겠다고! 그러니까 저희랑 같이 도망가요! 네?"

순간 자영의 눈동자가 살짝 흔들렸다.

"운검…… 그가 왔다고?"

하지만 다시 입을 여는 자영의 목소리는 차분히 가라앉아 있었다.

"도망가면 어디로 가겠느냐?"

"어디든지요. 전처럼 러시아 공사관에 가도 되고, 깊은 산속에 있는 암자로 숨어도 돼요. 정 안 되면 알렌 아저씨가 있는 병원도 있잖아요."

한별이 답답하다는 듯 속사포처럼 말했다. 하지만 자영은 꼼짝도 하지 않았다.

"바보같이 굴지 좀 말아요! 죽는다고요. 무섭지 않아요?"

도저히 못 참겠다는 듯 지아가 버럭 소리쳤다. 부모님의 죽음을 목격한 뒤 그녀에게 죽음은 항상 이길 수 없는 설내적 공포였다. 지금도 지아의 몸은 강풍에 흔들리는 나뭇가지처럼 끊임없이 떨리고 있었다.

자영도 지아의 눈에 담긴 공포를 읽을 수 있었다.

"지아야, 죽음은 어떤 사람도 피해갈 수 없어. 언젠가는 반드시 닥쳐오지. 다만 내가 두렵고 참을 수 없는 건 나의 죽음이 아무 의미도 없을까 하는 것뿐이야."

"그게 무슨 말이에요? 죽는 데 무슨 의미가 있어요?"

자영은 고개를 저었다.

"내가 도망가면 구차하게 살아날 수는 있겠지. 하지만 내가 여기서 죽는다면 어떻게 될까?"

지아는 입술을 깨물었다. 하지만 대답하지 않을 수 없었다.

"고종폐하께서 대한제국을 만천하에 선포하여 당당한 주권국가임을 알리실 거예요."

자영은 그 대답에 만족한 듯 웃었다.

"도망가면 살 수 있다. 하지만 죽으면 대한제국이 일어선다. 나 하나의 죽음으로 조선이 새로운 제국으로 우뚝 선다면 그 또한 의미 있는 일 아니겠니? 난 그것으로 만족한다. 조선의 여인으로서, 중전으로서 부끄럽지 않고 당당하게 죽음을 맞이할 거야."

부드럽지만 강한 의지가 그녀의 온몸에서 풍겨 나왔다.

콰앙!

그 순간 문이 요란하게 부서지며 미우라가 뛰어들었다.

그의 꼴은 엉망이었다. 단정히 빗어 넘긴 머리카락은 반쯤 잘려 나갔고, 팔다리에는 적지 않은 상처를 입은 듯 피가 낭자했다. 보나 마나 운검에게 당한 상처였다.

한별의 가슴이 순간 서늘해졌다.

"운검 아저씨는?"

"내 동료들이 발을 붙잡고 있다. 정말 징그럽게 강하더군."

빛나는 거울에 놀란 듯 멈칫거리던 미우라는 운검이라는 이름만 들어도 지긋지긋하다는 듯 치를 떨었다. 그리고는 칼끝으로 자영을 가리켰다.

"당신 하나 잡자고 희생이 너무 커. 이제 제발 죽어 줘야겠어."

"네가 바라는 것은 나 하나이니 이 애들은 보내 주어라."

자영은 코끝에 닿을 듯 다가온 칼날에도 눈썹 하나 찡그리지 않았다.

그것이 마음에 들지 않았는지 미우라는 인상을 찡그렸다.

"그러려고 했는데 마음이 바뀌었어."

"뭐?"

놀란 자영이 입을 열기도 전에 미우라의 칼이 방향을 틀어 지아를 향해 세차게 달려들었다. 깜짝 놀란 지아는 비명조차 지르지 못했다.

"크윽!"

칼은 지아의 심장이 아니라 재빨리 그녀를 감싸 안은 한별의 어깨에 박혔다. 타는 듯한 고통 속에서도 한별은 손에 들고 있던 검을 그어 올렸다.

"크아아악!"

동시에 왼쪽 얼굴을 움켜쥔 미우라의 입에서 괴성이 터져 나왔다. 손바닥 사이로 붉은 선혈이 흘러내렸다.

"이 망할 꼬맹이 녀석! 죽여 버릴 거야!"

얼굴에서 손을 뗀 미우라가 눈을 번뜩이며 외쳤다. 그의 왼쪽 얼굴은 이마에서부터 광대뼈까지 길게 자상이 나 있었다. 반쪽 얼굴이 피로 뒤덮인 그는 괴물이 따로 없었다. 그 진한 살기에 한별과 지아는 거미줄에 걸린 듯 꼼짝할 수가 없었다. 그렇게 얼어 버린 둘을 향해 미우라의 칼이 날아들었다.

"안 돼!"

놀란 자영이 외마디 비명과 함께 한별과 지아 앞으로 몸을 날렸다.

푸욱!

미우라의 칼날이 자영의 복부 깊숙이 박혀 들었다. 붉은 핏방울이 새

하얀 그녀의 옷 위로 꽃잎처럼 피어났다.

자영은 그 상태 그대로 양손으로 검을 단단히 움켜잡았다. 그리고는 등 뒤에 선 한별과 지아를 향해 말했다.

"어서…… 가! 늦기 전에…….”

자영이 말하지 않더라도 지아와 한별은 이미 거울의 빛 속으로 빠르게 빠져들기 시작한 뒤였다. 피를 흘리는 한별도, 그런 한별을 부축하듯 부둥켜안은 지아도 순식간에 눈이 멀어 버릴 정도의 빛에 두 눈을 질끈 감고 말았다. 눈을 감은 둘의 머릿속에 남은 것은 울컥울컥 피를 쏟아 내던 자영의 마지막 모습과 의연하게 죽음을 대면하던 그녀의 말뿐이었다.

'나 하나의 희생으로 조선이 바로 선다면 기꺼이 죽음을 택하겠어. 여인으로서, 또 중전으로서 당당하게…….'

죽음을 맞이하는 자영의 마지막 뒷모습은 지금까지 만났던 그 어떤 여왕들보다도 아름답고 강인하게 지아와 한별의 마음속 깊이 아로새겨졌다. 혼란스러운 조선 말기라는 무거운 짐을 가녀린 어깨에 짊어진 채 닥쳐드는 위험을 직접 눈으로 확인했음에도 끝내 자신의 길에서 비켜서지 않는 용기와, 자신보다 조선이라는 대의를 위해 담담하게 죽음을 선택한 자영의 희생정신에 둘의 가슴속은 왠지 모를 서러움으로 뜨거워졌다.

동시에 그런 자영의 가슴에 칼을 꽂아 넣은 미우라와, 끝내 조선을 식민지로 만든 일본에 대한 미움도 함께 커져 갔다.

거기에 또 한 가지, 끝끝내 죽음에 관해 초연했던 자영 덕분에 지아는 어떻게 해도 떨쳐 낼 수 없을 것이라 생각했던 죽음에 대한 공포를

조금이나마 덜어 낼 수 있었다. 그것은 말로 설명할 수 없는 큰 선물이었다. 의식이 끊어지기 직전, 지아는 그녀의 이름을 되뇌었다.

'중전마마……. 절대로 잊지 않을게요.'

마지막 이 한마디가 신호였던 것처럼 지아와 한별의 의식은 가위로 잘리듯 깨끗하게 끊어졌다.

눈앞에서 한별과 지아를 놓친 미우라의 분노는 고스란히 자영에게 쏟아졌다. 벌써 자영의 옷은 본래의 색을 알아볼 수조차 없을 정도로 붉게 물들어 있었다. 하지만 그럼에도 자영은 여전히 또렷한 눈으로 미우라를 쏘아보았다.

"미우라…… 이걸로 조선이 무너지리라 생각하지 마라. 조선은 나의 죽음으로 더 강하게 뭉치고 더 바르게 설 것이다. 그리하여 너는 오늘의 일을 반드시…… 후회할 것이다."

울컥울컥 핏물을 뱉어 내는 자영의 음성은 저주처럼 미우라의 뇌리에 각인되었다. 머리털이 곤두서는 듯한 섬뜩함에 미우라는 마지막으로 칼날을 그녀의 심장에 꽂아 넣었다.

쿵!

그제야 마침내 자영의 몸이 힘없이 바닥으로 쓰러졌다.

미우라는 쓰러진 자영의 몸을 타 넘어 여전히 희미하게 빛나고 있는 거울 앞에 섰다. 그리고는 자영의 피가 묻은 칼을 휘둘렀다.

"끄아아아악!"

칼이 바닥으로 떨어지는 것과 동시에 조금 전과는 비교할 수도 없는 비명이 터져 나왔다. 조금 전까지만 해도 멀쩡했던 칼이 마치 막 불구덩이에서 건져낸 듯 시뻘겋게 달구어져 있었다. 미우라는 새까맣게 타 버린 양 손바닥을 바닥으로 떨어뜨리며 다시 한 번 고통스러운 절규를 토해 냈다.

"으아악! 저 요망한 거울을 당장 부숴 버리겠어!"

뒤늦게 달려온 사무라이들이 그런 미우라의 허리를 붙잡고 늘어졌다.

"그만 가자. 벌써 해가 떠오르기 시작했어. 중전을 죽였으니 우리가 할 일은 끝난 거라고."

사무라이들이 모두 물러가고, 뒤늦게 가쁜 숨을 토해 내며 고종이 달려올 때까지 거울의 빛은 완전히 사라지지 않았다.

꺾여 버린 꽃처럼 붉은 피를 흘리며 쓰러져 있는 자영을 발견한 고종은 휘청거리는 걸음으로 다가와 그 앞에 털썩 주저앉았다. 그리고 떨리는 손으로 차갑게 변해 버린 그녀를 품에 안았다. 품 안의 그녀는 믿을 수 없을 만큼 작고 가녀렸다. 고종의 뺨 위로 피보다 더 뜨거운 눈물이 흘렀다.

"끄으윽……."

그제야 깨달은 사랑을 영원히 잃었음으로, 그는 오열했다.

네 곁을 지키기 위해서라면

　눈을 떴을 때, 방 안은 환한 햇살로 가득했다. 얼룩 한 점 없이 새하얀 천장과 햇살을 받아 반짝이는 크리스털 샹들리에, 하늘하늘한 커튼이 만들어 내는 부드러운 그림자에 지아는 한순간 고개를 갸웃거렸다.
　하지만 다음 순간 아, 하는 작은 탄성이 입 밖으로 흘러나왔다.
　"내 방이구나. 돌아왔어."
　한별이 깨어난 것은 그로부터 이틀 뒤였다. 눈을 뜨자마자 엉엉 울음을 터뜨린 지아와 잔소리를 가장한 집사의 뜨거운 환대에 썩 만족해했다.
　하지만 한 회장은 끝내 보이지 않았다. 눈으로 그를 찾는 지아에게 집사는 일본으로 출장을 갔다고 넌지시 말해 주었다.
　서운한 빛을 애써 숨기며 지아는 덤덤하게 고개를 끄덕였다.
　"할아버지는 여전히 바쁘시네요."
　김 박사의 말대로 지아는 금세 건강을 회복했다. 걱정했던 한별의 상처도 지켜보는 사람이 감탄할 정도로 빠르게 아물어 갔다. 한별은 눈을 뜨는 순간부터 잠이 들 때까지 주방의 음식이란 음식들을 죄다 먹어 치우며 요리사의 혼을 쏙 빼놓았다.

"진짜 신기하다. 어떻게 그걸 다 먹니?"

"잘 모르는구나? 원래 환자는 잘 먹어야 해. 그리고 치사하게 먹는 걸로 구박하지 마라. 내가 먹어야 얼마나 먹는다고."

밥알을 세듯 깨작대다가 끝내 질린 얼굴로 젓가락을 내려놓는 지아의 말에 한별은 불룩해진 배를 통통 두드리며 말했다.

지아는 말없이 식탁 위에 수북이 쌓인 전복 껍질과 가재 등껍질, 뼈만 앙상히 남은 갈비의 잔해들을 눈으로 쓸어 보며 중얼거렸다.

"모르긴 해도 너 혼자 소 한 마리는 잡았거든?"

그렇게 날짜가 흘러 어느새 캠프가 열리는 날 아침이 밝았다. 이른 새벽부터 지아와 한별 사이에 실랑이가 벌어졌다.

"나도 안 갈 건데 왜 네가 거길 가?"

"한 회장님하고 약속했으니까. 약속은 약속이잖아. 나 혼자라도 갈래."

"약속 상대인 할아버지는 정작 집에 계시지도 않잖아? 왜 너 혼자 그렇게 열심이야?"

다 낫지도 않은 몸으로 부득불 커다란 배낭을 둘러메는 한별을 보며 결국 지아는 화를 버럭 냈다.

"아야야……. 상대가 있든 없든 약속은 지켜야 하잖아. 그리고 꽤 궁금했거든. 그 캠프라는 거 말이야."

한별이 배낭을 멘 왼쪽 어깨가 아픈 듯 얼굴을 찌푸리자 지아는 짜증스럽게 소리쳤다.

"혼자 설악산까지 걸어갈래? 조금만 기다려. 가방 챙겨서 나올 테니까."

"너도 가려고?"

반색하는 한별에게 지아가 톡 쏘아붙였다.

"그 뱀 구덩이에 널 던져 놓고 내가 밥이 넘어가겠니?"

캠프가 열리는 장소는 설악산 중턱에 자리한 특급호텔이었다. 그윽한 나무향이 풍겨 나오는 고풍스러운 앤티크 가구들과 잘 닦여 반들거리는 대리석 바닥의 유럽식 로비, 구석에 놓인 천장까지 닿는 책장은 유럽의 어느 도시에 온 듯한 착각이 들게 해 주었다. 한별은 순수한 감탄사를 터뜨렸다.

"와, 이런 곳이 있었네?"

"유럽 궁전을 안 가본 데가 없는 네가 이 정도로 놀라면 안 되지."

"아, 생각해 보니 그러네."

머쓱한 듯 웃는 한별을 보며 지아도 따라 웃었다.

유니폼을 입은 종업원의 안내를 받으며 들어간 방도 로비 못지않게 멋졌다. 크고 안락한 침대와 반들반들 윤기가 흐르는 탁자, 한눈에 보기에도 안락해 보이는 의자, 침대 머리맡에 놓인 심플하면서도 고전적인 스탠드 등 모든 것이 꼭 맞도록 제자리에 놓인 듯한 편안한 느낌을 주는 방이었다.

하지만 정말로 감탄을 자아내는 것은 커다란 유리창을 통해 내다보이는 설악의 모습이었다. 한별은 배낭을 침대에 던져 놓고는 베란다로

나갔다. 매운 산바람에 코끝이 얼얼할 정도로 시렸지만 산허리를 감아 도는 뿌연 안개부터 첫서리를 맞아 투명하게 반짝이는 봉우리들, 웅장한 설악의 절경은 충분히 추위를 감수할 만한 가치가 있었다.

"너 뭐냐?"

시비조의 목소리가 들린 것은 바로 그때였다. 슬쩍 돌아보니 바로 옆방 베란다에 서 있는, 작은 키에 강아지처럼 커다란 눈을 가진 소년과 눈이 마주쳤다.

소년은 못마땅한 시선으로 한별을 머리끝부터 발끝까지 찬찬히 쏘아보며 말했다.

"호텔 측에서 뭔가 실수를 한 모양이네. 나 참. 시골 호텔은 하여튼 문제라니까. 일반인 단속도 제대로 못 하고. 이래서 내가 그렇게 홍콩에서 하자고 했는데."

한별은 소년의 말에 잠시 어리둥절한 듯 고개를 갸웃거리다가 이내 피식 웃었다.

"실수 아니야. 나도 캠프 참가자거든."

"뭐?"

"캠프에 참가한다고."

"오? 신입이구나. 그런데 복장이 좀 특이하네. 난 대송그룹 후계자 최도헌. 넌?"

도헌의 질문에 한별은 씩 웃었다.

"난 강한별이야. 축구부 주장이자 정원사의 아들이지. 여기는 여자친구를 사귈 자격을 얻으러 온 거고."

도헌은 잠시 이해하지 못한 듯 눈을 껌뻑거렸다. 그리고는 눈을 가늘게 뜨고 되물었다.

"정원사? 혹시 건축가 집안이라는 뜻이야? 아니면 나도 모르는 사이 조경업계 재벌이 나왔나?"

"재벌은 무슨. 우리 집 가난해."

"그러니까 네가 말한 정원사가 뙤약볕에서 땀 뻘뻘 흘리면서 지렁이에 물려 가며 나무 자르고 꽃 심는 그 정원사 말하는 거야?"

한별은 시원하게 고개를 끄덕였다.

"응. 아주 멋진 직업이지. 그리고 지렁이는 사람 안 물어."

"그러니까 요약하자면 네가 사귀려는 애가 우리 캠프의 일원이라 이거지? 자격 어쩌고 하는 걸 보니 그 애 집안에서는 반대를 하고 있고?"

"와아, 내 말 한마디에 거기까지 추측을 한 거야? 너 진짜 머리 좋다."

도헌은 잠시 그를 신기한 동물인 양 바라보다가 감탄인지 한숨인지 모를 숨을 토해 냈다.

"미친 사람이구나. 경찰을 불러야 하나, 아님 경비를……."

그는 정말로 주머니를 뒤적여 전화기를 꺼냈다.

"강한별, 뭘 꾸물대고 있어? 모일 시간 다 됐어. 얼른 나와."

그 신고를 막은 사람은 한별이가 서 있는 베란다로 막 고개를 내민 지아였다. 한 층 위에 방을 잡은 지아가 짐을 풀자마자 내려온 것이다.

"나 먼저 간다. 아래층에서 보자."

지아에게 끌려가며 한별은 도헌에게 손을 흔들어댔다.

"한지아가 정원사 아들이랑 사귄다고? 말도 안 돼……."

혼자 남은 도헌은 믿어지지 않는 듯 멍한 얼굴로 중얼거렸다. 그러다가 문득 자신이 전화기를 손에 들고 있다는 사실을 깨달았다.
"이런 메가톤급 뉴스를 듣고 다른 녀석들이 어떤 반응을 보일지 기대되는데? 특히 쇼타 유이치가 말이야."
씩 웃는 그의 미소는 설악의 얼음골에서 불어오는 산바람보다 더 차가웠다.

호텔 안은 적막할 정도로 조용했다. 도헌의 말대로 캠프 관계자 이외에는 아무도 안으로 들이지 않았기 때문이었다.
지아와 한별이 들어선 식당도 마찬가지였다. 백여 명이 족히 들어갈 식당에는 스무 명 정도의 소년, 소녀들만이 중앙에 놓인 몇 개의 식탁을 차지하고 앉아 있을 뿐이었다. 깨끗한 앞치마를 두른 종업원들이 그들 사이로 부지런히 음식과 차 등을 나르고 있었다.
토론이라도 벌어진 듯 식당은 어린아이 특유의 높은 목소리로 가득했다. 한별은 목소리를 높이는 소년, 소녀들의 얼굴을 하나하나 살펴보며 헉, 소리를 냈다. 하나같이 잘생기고 예쁜 건 물론이거니와 무슨 때만 되면 뉴스와 신문의 1면을 장식하는 유명 정·재계, 혹은 유명 연예인의 2세들이었다. 그들 가운데는 파란 눈에 금발머리를 가진 외국인도 끼어 있었다.
대화 중간 중간 전화가 오면 아이들은 각각 영어와 일본어, 중국어로 통화를 했다. 한별이 보기에는 신기했지만 다른 아이들은 그게 당연하다는 듯 별 관심도 두지 않았다.

그러던 한순간 누군가 지아를 발견하고 외쳤다.

"한지아!"

그러자 거짓말처럼 모든 이들이 말을 멈추고 지아와 한별 쪽으로 시선을 돌렸다. 지아에게로 향하는 시선에 동질감과 질투, 호기심이 뒤섞여 있었다면 한별을 바라보는 아이들의 얼굴에는 경멸과 비웃음이 노골적으로 드러났다. 이미 도헌을 통해 대강의 사정을 전해 들었기 때문이었다.

한 번도 이런 시선에 노출된 적이 없던 한별은 단번에 굳어 버렸다. 반면 지아는 오히려 그들보다 더 싸늘한 눈빛으로 되받았다. 그리고는 나지막한 목소리로 말했다.

"이 정도로 뭘 주뼛대? 진짜 칼이 날아다니던 곳에서도 끄떡 않던 너잖아? 앉아."

"응? 으응. 그게 또 생각해 보니 그렇군."

지아의 말에 한별은 그제야 긴장이 풀어지는 것을 느꼈다.

식탁의 빈자리에는 참가자의 이름이 적힌 카드가 놓여 있었다. 잠깐 눈으로 주변을 둘러보던 한별은 가까운 자리에 놓인 접시 위에서 자신의 이름이 적힌 카드를 찾을 수 있었다.

지아도 제자리를 찾아 앉았다. 한별이 앉은 곳과는 제법 거리가 있는 자리였다.

"안됐다. 든든한 지아 옆자리가 아니라서."

마침 같은 식탁에 앉아 있던 도헌이 한별에게 말을 걸어왔다. 한별은 고개를 저었다.

"이 정도가 딱 좋아. 캠프에서는 절대 도움을 받지 않겠다고 다짐하고 왔거든."

"지아의 도움을 거절했다고?"

"응. 나 자신을 증명하러 온 건데 누가 도와주면 의미가 없잖아."

한별의 말에 도헌은 대놓고 한별의 얼굴을 뚫어져라 보았다. 같은 식탁에 앉은 다른 아이들 역시 비슷한 얼굴이 되었다.

"요즘도 너 같은 생물체가 살긴 사는구나."

한별은 고개를 끄덕이려다가 순간 멈칫했다. 그리고 인상을 와락 썼다.

"근데 너 아까부터 말이 굉장히 짧다? 몇 살이야?"

"만으로 아홉 살. 다음 달이면 열 살이 되지."

도헌의 말에 한별은 목소리를 깔며 말했다.

"어쭈? 나보다 한참 어리잖아? 좋게 말할 때 형이라 불러라."

"우, 웃기지 마. 친형도 이름으로 부르는데 무슨 형이야?"

"그럼 지금부터 더 열심히 연습해야겠네. 불러 봐. 뭐든 처음이 어려운 거야."

"안 해! 싫어!"

"하여튼 사교성 하나는 끝내준다니까."

멀리서 한별의 식탁을 힐끗거리던 지아는 도헌과 티격태격하는 한별을 보고 슬그머니 미소를 지으며 혼잣말을 했다.

"너답지 않아."

그때 불쑥 누군가의 음성이 끼어들었다. 슬쩍 돌아보던 지아의 얼굴이 순간 일그러졌다.

"쇼타!"

"두 번이나 빠져서 올해도 안 올 거라 생각하고 있었어. 다시 만나서 반가워."

말과는 달리 지아를 빤히 바라보는 쇼타의 눈은 차가웠다. 뾰족한 턱 선과 얼굴 양쪽으로 길게 찢어진 눈매, 빈정거리듯 살짝 비틀린 얇은 입술은 그 차가운 인상에 날카로움까지 더하고 있었다.

쇼타는 일본 최고의 재벌이자 세계 십 대 거대그룹으로 손꼽히는 유이치 그룹의 손자로, 어린 나이에 이미 냉철함을 인정받은 후계자였다. 그 때문에 그의 주변에는 작은 친분이라도 만들어 두려는 사람들로 가득했다. 캠프에 참가한 아이들 중 절반 정도는 그의 호감을 얻기 위해 그의 곁을 맴돌고 있었다.

하지만 지아는 그가 싫었다. 그와 눈이 마주치면 마치 차가운 뱀을 만진 듯 소름이 돋았다.

유이치 그룹 또한 지아가 쇼타를 싫어하는 이유였다. 유이치 그룹은 일제강점기에 조선의 문화재와 자원을 수탈해 가고, 2차 대전 때는 수많은 노동자들을 강제로 끌고 간 대표적인 전범기업이었다.

그 뒤로 많은 시간이 흘렀음에도 유이치 그룹은 단 한 번도 사과나 배상에 관해 언급한 적이 없었다. 또한 유이치 그룹은 공격적인 합병으로 벌써 한국의 많은 중견 기업들을 집어삼킨 전력이 있었다. 거기에 유이치 그룹의 다음 합병 목표가 바로 할아버지의 회사라는 소문이 인터넷과 증권시장을 중심으로 공공연히 돌고 있었다. 당연히 쇼타를 보는 눈길이 고울 리가 없었다.

거기에 한 가지 더 그를 싫어할 이유가 늘었다. 그의 얼굴이 미우라의 그것과 판에 박은 듯 똑같았기 때문이었다. 그의 왼쪽 얼굴에는 가늘고 긴 상처까지 나 있었다.

쇼타는 지아의 경멸 어린 시선에도 태연하기만 했다.

"듣자니까 얼마 전에 말도 안 되는 사고를 쳤더라?"

"사고라니?"

"프랑스 장자크 회장의 백화점을 통째로 집어삼킬 기회를 걷어찼다며? 사랑이 어쩌고 하면서 말이야. 사춘기도 아니고 왜 그랬어?"

"그러거나 말거나 네가 상관할 바가 아니잖아? 쓸데없는 참견은 사양하겠어."

지아는 눈썹을 위로 한껏 치켜 올리며 말했다. 그리고는 입맛이 떨어졌다는 듯 포크를 접시 위로 던졌다.

쨍그랑!

맑고 높은 소리가 나자 모든 사람의 시선이 지아에게 집중되었다.

"저, 저 얼굴은?!"

지아 쪽으로 시선을 돌렸다가 쇼타를 발견한 한별은 자신도 모르게 벌떡 일어났다. 지아와 마찬가지로 그 역시 쇼타의 얼굴에서 미우라를 보았기 때문이었다.

쿠당탕!

갑자기 일어나는 바람에 한별의 의자가 요란한 소리를 내며 나뒹굴었다. 그러자 이번에는 모든 이의 시선이 한별에게 모여들었다. 그제야 제정신이 돌아온 한별은 얼굴이 붉게 달아올랐다.

"아, 안녕. 강한별이야. 잘 부탁해."

"저 덜떨어진 바보가 네 남자친구라며? 새로운 장난감인가 본데 나한테도 잠깐 빌려줄 거지? 아, 그러면 망가지려나?"

한별이 뒷머리를 긁적이며 넘어진 의자를 일으키려고 슬그머니 몸을 숙이자, 쇼타가 비웃음 가득한 얼굴로 말했다. 지아에게 향한 것이었지만 다른 사람들도 모두 들을 정도로 큰 음성이었다. 지아와 한별을 뺀 나머지 아이들은 일제히 웃음을 터뜨렸다.

지아는 웃지 않았고, 한별은 웃을 수 없었다. 쇼타가 영어로 말을 했기 때문이었다.

"얼마든지 내키는 대로 말해도 좋아. 네가 비열하다는 건 옛날부터 알고 있으니까. 하지만 네가 무슨 말을 하든, 무슨 짓을 하든 한별이가 너보다 백 배는 나은 애라는 사실은 변하지 않아."

지아는 쇼타보다 열 배는 싸늘한 눈빛으로 대꾸하며 자리에서 일어섰다. 그리고 돌아섰다. 그런 지아의 등에 대고 쇼타가 말했다.

"내가 예전에 했던 제안 기억나지? 그거 잘 생각해 봐. 유효기간도 얼마 남지 않았으니까."

이번에는 한별도 알아들을 수 있는 한국어였다. 한별은 궁금하다는 듯 지아를 바라보았다. 다른 아이들 역시 고개를 갸웃거리며 쇼타와 지아를 번갈아 바라보았다.

"헛소리 좀 그만해. 세상이 무너져도 너랑 손잡는 일은 없어."

결국 지아는 짜증스러운 얼굴로 빽 소리치고는 쿵쿵거리며 식당을 빠져나갔다.

 다음 날, 본격적인 캠프가 시작되면서 한별은 제정신을 차릴 틈이 없었다. 모든 세미나와 회의가 영어로 진행되는 것은 기본이었고, 최첨단 기기를 이용한 화상통신으로 이름도 들어 보지 못한 사람들과 즉석 토론을 하기도 했다. 하루 세끼 중 한 번은 꼬박꼬박 외부에서 온 손님이 참석했는데 TV에서나 봤던 유명 정치인이나 교수들이 대부분이었다.
 "으으…… 뭐라고 하는지 하나도 모르겠다."
 한별은 이리 보고 저리 봐도 도무지 알 수가 없는 영어 약자들과 경제 전문용어에 좌절했다. 하루 종일 들리는 것은 영어뿐이었다. 간간이 들리는 한국말이라고는 호텔 종업원들끼리 나누는 잡담이 유일했다. 오죽하면 뉴스가 반가울 정도였다.
 하지만 정말로 한별을 힘들게 하는 것은 영어가 아니었다. 아이들이 자신을 대하는 철저한 무관심이야말로 한별의 숨을 죄여 왔다. 자신이 점점 투명인간처럼 느껴지는 것을 한별은 도저히 참을 수가 없었다.
 "대체 왜 그러는 건데? 이럴 바에야 차라리 치고받고 싸우는 편이 더 속 편하겠어. 차라리 욕을 하든지."

 "몇 시인줄은 알아?"
 한밤중, 다짜고짜 쳐들어온 한별을 보며 도헌이 얼굴을 찌푸렸다.
 "그러니까! 내가 오죽하면 이러겠냐고. 제발 너라도 말 좀 해 줘."
 도헌은 몇 번 눈을 깜빡이다가 졌다는 듯 그때까지 읽고 있던 두꺼운

책을 탁, 덮었다.

"모른 척하면 계속 귀찮게 할 것 같으니까 말해 줄게. 우리들이 여기 참가하는데 드는 비용이 얼마인지 알아?"

"비용? 무료라고 들었는데?"

도헌은 피식 웃었다. 도저히 아홉 살 꼬마의 미소가 아니었다.

"순진하긴. 명목상으로야 그렇지만 누군가는 이 호텔을 통째로 빌린 비용을 내야 한다고. 거기에 유명인들 초빙 비용, 우리가 매끼 먹어 치우는 엄청난 요리들도 돈으로 따지면 꽤 나오지. 이것저것 따지면 아마 이 정도는 될 걸?"

도헌은 책상을 몇 번 탁탁 두드린 뒤 한별의 귀에 작은 목소리로 무언가 속삭였다.

"으엑! 그렇게나 많이?"

"캠프에 몇 년 참가하고 실제로 그 비용 때문에 회사가 망하는 경우도 적지 않아."

"그런데 왜……."

"왜 굳이 이런 캠프에 오냐고? 그야 투자한 금액보다 얻는 게 더 많기 때문이지. 여기서 얻는 정보의 가치는 돈으로 환산할 수조차 없는 것들이니까."

"그렇구나."

한별은 고개를 끄덕거렸다. 그러고 보니 이곳에 도착한 이후 줄곧 도헌과 지아, 그 오만한 쇼타까지도 신문이며 책을 손에서 떼지 않고 있었다.

"그런 이유로 너 같은 애랑 노는 데 시간을 낭비할 여유가 없다는 말씀이지. 그건 지아도 마찬가지일거야. 아니, 걔네 회사야말로 정말 위험하지."

"그건 또 무슨 소리야? 지아네 회사가 왜?"

도헌은 한숨을 푹 쉬었다.

"말하자면 복잡하고, 그럴 생각도 없거든? 네 방에도 컴퓨터는 있으니까 검색 정도는 직접 해 보시지?"

"응? 아아. 고마워."

방으로 돌아온 한별은 한참을 헤맨 끝에 유이치 그룹이 한 회장과 그의 회사를 위협하고 있다는 기사를 찾아냈다. 맨 처음에 소문으로 시작된 기사는 날짜가 가까워질수록 그 분량도 많아지고 내용도 구체적이었다.

"말도 안 돼. 지아에게 직접 물어봐야겠어."

지아의 방은 한 층 위였다. 한별은 엘리베이터를 기다릴 시간도 아까운 듯 계단을 뛰어올랐다.

쇼타의 목소리는 계단과 복도의 경계쯤에서 들려왔다.

"잘 생각해 봐. 네가 결심만 하면 너희 회사는 유이치 그룹의 막강한 지원 속에 한국 제일의 기업으로 단숨에 올라설 거야. 해외 사업의 규모 또한 지금과는 비교도 할 수 없을 만큼 커질걸?"

지아는 눈을 치켜떴다.

"흥! 꿈 깨시지? 우리 회사를 너희 그룹의 하청업체 정도로 만들려는 속셈이 뻔히 보이니까."

"그럴 생각이 없진 않지. 하지만 너에게는 선택의 여지가 별로 없을 걸? 네가 거절한대도 강제합병은 이미 착착 진행 중이니까. 예정대로라면 올해 크리스마스쯤에는 모든 일이 끝나 있을걸?"

"뭐야?"

"만약 네가 끝까지 거절한다면 너와 네 할아버지, 그리고 그 집에 관계된 모든 사람들이 맨몸으로 쫓겨나게 될 거야. 반대로 네가 나와의 약혼에 동의한다면 너와 네 할아버지는 한국 제일의 재벌 소리를 들으며 전처럼, 아니 전보다 몇 배는 더 떵떵거리며 살 수 있지. 물론 아름답기로 소문난 그 집에서. 어때? 이 정도면 나도 보기보다 나쁜 녀석은 아닌 것 같지?"

쇼타는 할 말을 다 한 듯 엘리베이터에 올라탔다. 기하학무늬가 아름답게 새겨진 엘리베이터 문이 천천히 닫히자 지아는 신경질적으로 하얀 대리석 벽을 발로 찼다.

"방금 쇼타의 말, 그거 무슨 뜻이야? 너희 회사, 정말 강제합병인지 뭔지 당하는 거야?"

지아는 갑작스러운 한별의 등장에 놀란 표정을 지었다가 한숨을 쉬었다.

"아마도……. 어제부터 할아버지에게 연락이 안 돼. 비서 아저씨들 전화도 계속 통화 중이고."

한별은 그런 지아의 손을 힘주어 잡았다.

"회장님을 믿자. 절대 호락호락 넘어가시지 않을 거야."

지아는 한별의 위로에 애써 미소를 지었다.

"그래. 네 말이 맞아. 우리 할아버지가 얼마나 냉정하고 무서운 분인데. 그치?"

하지만 새벽이 다 되어서야 간신히 전화 연결이 된 한 회장은 깊이 가라앉은 음성으로 미안하다는 말을 했다. 먼저 떠난 아들을 대신하여 회사를 온전히 지아에게 물려주고 싶었지만 아무리 궁리를 해도 유이치 그룹의 무지막지한 공세를 막아낼 수가 없었노라며 사과하는 할아버지의 힘 빠진 목소리는 마치 다른 사람의 것처럼 느껴졌다. 지아는 그만 울음을 터뜨리고 말았다. 부모님이 돌아가신 뒤 켜켜이 쌓였던 온갖 감정들이 눈물에 녹아 흘러내렸다.

한별은 자기 방으로 가는 대신 바로 옆 도헌의 방문을 두드렸다. 방문은 한참 만에 열렸다.
"또 왜?"
잠옷 차림의 도헌은 한별의 얼굴을 보자마자 화를 냈다.
"궁금한 게 있어서. 새벽이라 미안하긴 한데 물어볼 사람이 너 하나뿐이라."
화를 내려던 도헌은 진지한 한별의 얼굴에 한숨을 푹 내쉬었다.
"표정을 보니 유이치 쪽에서 작정하고 덤비나 보네."
도헌은 대뜸 한별의 속마음을 짚어 냈다. 한별은 놀라기도 하고 한편으로는 안쓰러운 생각도 들었다. 지아와 마찬가지로 도헌 역시 아홉 살 꼬마라고 하기에는 지나치게 영리했다. 하지만 지금은 그런 문제에 신경 쓸 시간이 없었다. 한별은 다급히 고개를 끄덕였다.
"응. 그래서 말인데……."
"유이치가 지아네 회사를 인수하는 건 완전히 합법적인 일이야. 끼어들 여지가 없다고."

"하지만 쇼타와 유이치 그룹이 하려는 건 나쁜 짓이야."

"우리도 유이치가 악덕기업인 줄은 알아. 하지만 계란으로 바위를 쳐 봐야 계란만 깨질 뿐이라고."

"도저히 방법이 없어? 아무것도 할 수 없는 거야?"

한별이 절박하게 물었다.

"방법이 전혀 없진 않지. 사실은 네가 엄청난 돈을 숨겨 놓은 부자라서 유이치 그룹에 넘어갈 지아네 채권을 몽땅 사들인다든가, 역으로 유이치 그룹의 주식을 긁어모아서 오히려 유이치를 먹어 치우면 간단하지."

수중에 가진 돈이라고는 용돈을 모은 돼지저금통이 전부인 한별에겐 결코 간단한 이야기가 아니었다. 도헌은 그런 한별의 사정을 눈치챈 듯 고개를 휘휘 저었다.

"그러게 신경 써 봐야 나쁜 머리만 더 나빠질 뿐 아무 도움이 안 된다니까."

"네가 사 주면 안 될까? 너도 무슨 재벌이라며?"

"응?"

"지아네 회사 채권 말이야."

도헌은 순간 망설였다. 나쁘지 않은 제안이었다. 사실 지아네 회사는 부실기업이 아니었다. 오히려 탄탄한 재정 상태를 유지하고 있는 몇 안 되는 대그룹이었다. 단지 잠깐의 유동성 문제를 겪는 틈을 유이치가 교묘히 파고든 것이다.

그럼에도 도헌은 천천히 고개를 저었다.

"미안. 그럴 수는 없어. 지아네 회사를 감싸려다가 쇼타의 눈 밖에 나면 우리 회사가 유이치의 먹이가 된단 말이야. 그나마 지아네는 덩치가 커서 지금까지 용케 버텼지만 우린 하룻밤에 잿더미가 될 걸?"

"그래도 설마 하룻밤에……."

"쯧쯧, 유이치 그룹이 얼마나 악랄한지 몰라서 하는 소리야. 지금의 유이치 그룹 총수는 사업가가 아니라 기업사냥꾼이라고. 미안하지만 난 빼 줘."

"알았어."

한별이 너무나도 흔쾌히 고개를 끄덕이며 자리에서 일어서자 오히려 당황한 듯 도헌이 물었다.

"그냥 알았어? 그게 다야?"

"응. 네가 안 되면 다른 애들에게 부탁해 봐야지. 여기 모인 애들, 하나같이 무슨 재벌 아들, 딸들이라며? 내가 너희 같은 애들을 또 어디서 만나겠냐? 이럴 때 철판 깔고 부탁해 봐야지."

"말리진 않겠지만 보나 마나 헛수고라는 건 알려주고 싶네."

도헌의 단정적인 말에도 한별의 눈은 여전히 반짝였다.

"하지만 해 보지 않고는 역시 모르는 거잖아."

"모르긴 해도 자존심 무지 상할걸? 특히 쇼타랑 붙어 다니는 애들은 진짜 악질이야."

한별은 쇼타의 얼굴을 잠시 떠올렸다가 어깨를 으쓱했다.

"어쩔 수 없지. 그 정도 각오는 했어."

도헌은 한별이 그렇게 나간 뒤 다시 침대로 기어들었다. 하지만 한 번 달아난 잠은 다시 찾아오지 않았다.

 한별은 부지런히 방문을 두드렸다.
 "뭐야? 귀찮게!"
 "뭐? 네까짓 게 뭘 안다고 채권이 어쩌고 아는 척이야? 웃긴다."
 "너 같은 애랑 말 섞기 싫거든? 제발 아는 척 좀 하지 말아 줄래?"
 도헌의 말대로 반응은 부정적이었다. 대부분은 가소롭다는 듯 코웃음을 쳤고, 더러는 충고를 가장하여 인신공격을 하는 아이들도 있었다. 쇼타와 가깝게 지내는 어떤 소년은 대뜸 찬물을 뿌리기도 했다. 해도 뜨기 전에 한별의 자존심은 너덜너덜해졌다.
 "포기 안 해. 아니, 포기 못 해."
 한별은 저리도록 움켜쥔 주먹으로 머리를 타고 흐르는 물을 닦아 내며 다짐처럼 중얼거렸다.

 "저기……."
 "오, 오지 마! 난 할 말 없다니까."
 "그래도 일단 내 말 좀 들어봐."
 "아, 글쎄 싫어."
 그날부터 호텔 안에는 한별과 다른 아이들의 기묘한 추격전이 벌어졌다. 처음에는 망신이나 주자고 한별을 놀려 대던 아이들은 집요한 한별의 설득에 진저리를 치며 그를 피하기 시작했다. 그와 함께 있다가 쇼타에게 괜한 오해를 살까 두려운 것이었다.

쇼타는 그런 한별과 아이들의 소동을 보며 배를 잡고 웃었다.

"큭큭! 너 진짜 재밌다. 나한테는 왜 부탁 안 해? 따지고 보면 정작 자비를 구해야 하는 대상은 나 아니야?"

한별은 쇼타의 눈을 똑바로 바라보며 고개를 저었다.

"넌 내 부탁을 들어줄 녀석이 아니야. 네 얼굴을 보면 그걸 알지. 예전에도 너랑 똑같은 녀석을 본 적이 있거든. 야비하고 비열하기 짝이 없는 살인마를."

"뭐, 뭐야?"

피부에 느껴질 정도로 진한 한별의 적의에 당황한 듯 쇼타는 말을 더듬었다. 하지만 이내 특유의 차가운 표정으로 돌아와 말했다.

"제법 똑똑한 소리를 하네? 그럼 네가 하고 있는 행동이 시간 낭비라는 것도 알겠구나."

쇼타의 말에 한별은 이를 빠득 깨물었다.

"그거 봐. 결국 헛수고라니까."

그날 밤, 축 늘어진 어깨로 방문을 닫으려고 하는데 도헌의 목소리가 들렸다. 돌아보니 옆방의 도헌이 방문을 열며 고개를 쏙 내밀고 있었다.

"그러게 말이야. 난 불가능한 건 없다고 믿고 있었는데 세상엔 도저히 어떻게 안 되는 것도 있나 봐."

한별은 바닥이 꺼져라 한숨을 내쉬다가 문득 고개를 갸웃거리며 말했다.

"그런데 너, 나 기다린 거야?"

"아, 아니야. 기다리긴 누가! 자려는데 문소리가 거슬려서 나와 본 거야. 흥!"

도헌은 새빨개진 얼굴로 다시 방 안으로 쏙 들어갔다. 한별은 닫힌 방문을 향해 하하, 웃다가 이내 풀 죽은 얼굴로 중얼거렸다.

"정말 내 힘으로는 안 되나 보다."

다음 날, 한별은 호텔 어디에도 보이지 않았다. 도헌은 괜히 안절부절못하고 사방을 둘러보다가 슬쩍 지아에게 말했다.

"한별이는 어디 갔어?"

지아는 물끄러미 그런 도헌을 바라보았다. 한별의 행방을 슬쩍 물어온 것은 도헌이 처음이 아니었다. 희미한 미소가 지아의 입가에 떠올랐다.

그 시간, 한별은 일본 출장에서 돌아온 한 회장의 앞에 서 있었다.

"캠프가 끝나려면 아직 좀 남은 것 같은데?"

한 회장은 여전히 엄격한 얼굴로 질책하듯 말했다. 하지만 한별은 그의 얼굴 속에 숨겨진 피로와 고민의 흔적을 찾을 수 있었다. 대답 대신 한별은 한 회장의 앞에 털썩 무릎을 꿇었다.

"실망시켜 드려 죄송합니다."

의외라는 듯 한 회장의 눈썹이 꿈틀거렸다.

"세상엔 노력만으로는 불가능한 것도 있다는 사실을 거기 가서 알았습니다. 그리고 제가 얼마나 모자란지도 뼛속 깊이 깨달았습니다. 그러니까…… 물러나겠습니다."

무릎 위에 가지런히 올려놓은 한별의 주먹에 힘이 들어갔다.

한 회장이 혀를 끌끌 찼다.

"한심한 녀석, 고작 그 며칠을 버티지 못하고 포기할 거면서……."

"단, 조건이 있습니다. 절대 지아와 쇼타 녀석과의 약혼만큼은 거절해 주세요. 그 녀석, 절대로 지아를 행복하게 해 줄 애가 아니에요. 더 이상 지아를 힘들게 하지 말아 주세요."

예상치 못한 한별의 말에 한 회장의 눈빛이 살짝 흔들렸다. 그제야 들썩이는 어깨와 움켜쥔 주먹이 눈에 들어왔다. 슬쩍 위쪽으로 당겨진 그의 입에서 조금은 온기가 느껴지는 목소리가 새어 나왔다.

"꽤, 아니 아주 눈곱만큼 봐줄 만했다. 앞으로도 네가 모자란다는 그 마음, 절대 잊지 말도록 해라."

"네?"

이번에는 한별이 놀란 듯 고개를 번쩍 쳐들었다.

"나도 지아 그 녀석이 성질 고약한 거 안다. 아마 날 닮은 거겠지. 그런 녀석일수록 너같이 미련한 녀석이 옆을 지킬 필요가 있어."

한 회장의 말에 한별은 믿을 수 없다는 듯 눈을 동그랗게 떴다.

"네? 그럼 저랑 지아가 사귀는 거 허락하시는 거예요?"

"허락은 무슨! 일단 머슴이야, 머슴!"

한 회장이 한껏 인상을 찌푸리며 외쳤다. 비서가 다급히 뛰어든 것은 바로 그때였다.

"회장님! 회장님!"

그동안 행복했어! 거울아, 안녕!

새해가 밝았다. 모처럼 수많은 전구와 꽃으로 장식한 저택은 신년파티가 한창이었다. 유이치 그룹의 맹공격을 간신히 막아 내고 경영권을 지켜낸 것을 축하하기 위한 자리이기도 했다.

파티장 한가운데서 손님들을 맞는 한 회장은 딱딱한 가면을 벗어던지고 모처럼 환한 미소를 짓고 있었다.

"왔구나! 고마워."

한별은 손님들 가운데서 도헌의 얼굴을 발견하고는 한걸음에 달려와 와락 부둥켜안았다. 갑작스러운 그의 행동에 놀란 도헌이 헉, 하며 숨을 들이쉬었다. 도헌뿐만 아니라 그의 주변에 모여 있던 소년, 소녀들 역시 한별의 뜨거운 포옹을 피하지 못했다. 모두 캠프에서 만났던 얼굴들이었다. 뒤늦게 달려온 지아도 한별만큼이나 열렬히 이들을 환영했다.

"모두 와 주었구나."

"당연하지. 우리가 이 파티의 주인공인데."

"맞아. 우리도 이제 너희 회사 주주라고."

아이들은 키득거렸다. 지아는 순순히 고개를 끄덕였다. 이들의 말대로 파티장을 가득 메운 손님들은 거의 이들의 부모거나 친척들이었던 것이다. 한별이 그렇게 사라진 뒤 지아는 평소의 도도한 자존심을 접고 한별과 같은 부탁을 했다. 차이점이라면 지아는 구체적인 채무 이행 계획과, 만약 할아버지의 회사가 유이치 그룹에게 넘어간다면 다음에는 그 누구도 유이치 그룹의 독주를 막을 수 없을 것이라는 그럴싸한 협박을 함께 내놓았다는 점이다.

가뜩이나 쇼타의 횡포에 질릴 대로 질린 데다가 한별의 진심에 흔들리던 아이들은 지아의 말에 공감하고 적극적으로 부모를 설득했다. 부모들 역시 유이치에 대한 위기감으로 하나로 뭉치는 데 동의했다. 이로써 기적적으로 한 회장은 유이치 그룹의 손아귀에서 회사를 지켜낼 수 있었다.

"그런데 한별이 너 옷이 왜 그래? 완전 웨이터 같아."

한참 유쾌하게 떠들던 도헌이 문득 한별을 보며 물었다. 어른들 못지않은 화려한 턱시도를 입은 다른 소년들과는 대조적으로 한별은 검은 나비넥타이에 검은 재킷, 그리고 날렵해 보이는 앞치마까지 두르고 있었다. 그제야 다른 아이들도 일제히 한별의 옷차림을 돌아보았다.

"어딜 봐서 웨이터야? 이래 봬도 수습집사라고."

"지, 집사?"

도헌이 묻자 순순히 고개를 끄덕이려던 한별이 인상을 와락 썼다.

"근데 이 녀석이 진짜! 형이라고 하랬지?"

"싫다니까! 지아야, 너네 수습집사 좀 말려 봐."

"나이가 어리니 당연히 형이라고 해야지. 그리고 나한테도 누나라고 불러."

"뭐, 뭐야? 왜 이래? 외국에서는……."

"그거야 외국 얘기고 여긴 한국이잖아."

"하하하! 지아 말이 맞아."

"그래, 맞다. 나도 형이라고 불러. 너보다 무려 한 살이나 많잖아."

"야! 너희들 정말…… 억울해! 내가 막내란 말이야."

한별과 지아, 그리고 아이들은 도헌을 놀리며 유쾌한 웃음을 터뜨렸다. 그리고 그것을 지켜보던 어른들 역시 환한 미소를 지었다.

"보기 좋게 빠져나갔군. 하지만 다음에는 어림없어."

모두가 즐거운 것은 아니었다. 파티장 한쪽 구석, 초대되었으되 불청객 취급을 받는 유이치 회장과 쇼타는 나무토막을 씹은 듯 인상을 쓰고 있었다. 유이치 회장은 한 회장과 그를 둘러싼 이들을, 쇼타는 지아와 한별을 중심으로 둥글게 모여 있는 소년, 소녀들을 쏘아보았다. 한쪽 입술을 일그러뜨린 두 부자의 얼굴은 판박이처럼 닮아 있었다.

그들 중에서도 쇼타의 시선은 지아와 한별에게 고정되어 떨어질 줄을 몰랐다.

캠프에서 집으로 돌아온 직후부터 두 사람의 얼굴이 머릿속에서 떠나지 않았다. 밤이면 기억나지 않는 악몽 때문에 땀으로 온몸이 흠뻑 젖는 날도 부지기수였다. 그럴 때마다 얼굴에 난 상처가 화끈거리는 착각이 들고는 했다.

　지금도 그의 손은 왼쪽 얼굴을 더듬고 있었다. 지아와 한별을 직접 보자 흉터 주변이 불에 덴 듯 화끈거리기 시작했기 때문이었다. 통증이 심해지며 덩달아 두통도 밀려왔다.

"너, 얼굴이 왜 그러니? 어디 아픈 거냐?"

쇼타의 이마에 식은땀이 송송 맺히자 유이치 회장이 물었다.

"별거 아닌데, 아까부터 머리가 아파요."

유이치 회장은 충분히 이해한다는 듯 고개를 끄덕였다.

"그렇겠지. 나도 썩 기분이 좋지는 않구나. 위층 어디에 베란다가 있을 게다. 신선한 바람을 쐬면 기분이 좀 나아질 거야."

　유이치 회장의 권유대로 계단을 오른 쇼타는 복도 모퉁이를 돌자마자 베란다를 찾을 수 있었다. 유리문 너머로 널찍한 정원이 한눈에 내려다보였다.

"끄아악!"

　하지만 막 유리문을 열려는 순간, 쇼타는 머리가 쪼개질 듯한 고통에 그 자리에서 주저앉았다. 언제나 영민하게 돌아가던 머릿속은 번개를 맞은 것처럼 하얗게 변해 버렸다.

"뭐, 뭐야?"

　쇼타는 무엇에 끌리듯 천천히 돌아섰다. 그리고는 덜덜 떨리는 손으로 복도의 마지막 방문을 열었다.

　그곳은 창고였다. 철이 지난 파라솔과 오래되어 수선이 필요한 탁자가 작은 공간의 한쪽에 가지런히 놓여 있었고, 다른 한쪽 벽에는 한별의 아버지가 정원을 손질할 때 사용하는 전지가위와 공구함, 하녀들이 집 안을 청소할 때 필요한 도구들이 정리된 선반이 설치되어 있었다.

쇼타의 눈길을 끈 것은 그와 마주한 정면의 벽에 기대듯 세워진, 하얀 천으로 덮인 물건이었다. 천천히, 쇼타는 홀린 듯 걸어 들어와 천을 벗겨 냈다. 천은 마치 무게가 없는 깃털처럼 가볍게 바닥으로 떨어져 내렸다. 풀썩 피어올라 사방으로 흩날린 먼지가 희미한 조명 아래서 춤을 추듯 반짝였다.

"거울?"

천으로 덮여 있던 것은 바로 지아의 방에 걸려 있던 거울이었다. 한별과 지아가 피투성이가 되어 돌아오자마자 한 회장과 집사가 전문가에게 보이기 위해 잠시 치워 둔 것이었다.

쇼타는 넋을 놓고 거울과 거울에 비친 자신을 바라보았다. 골동품이라면 집에도 얼마든지 있었다. 이것보다 아름다운 예술품도 질리도록 보아 온 그였다. 하지만 지금 눈앞에 있는 이 거울은 다른 어떤 것과도 달랐다. 한 번도 느껴보지 못한 강렬한 소유욕이 그를 사로잡았다. 동시에 알 수 없는 두려움도 함께 밀려왔다.

서로 상반되는 두 감정 사이에서 갈등했지만 결국 쇼타는 거울 쪽으로 한 발 다가섰다. 욕망이 이긴 것이다.

'크크크······.'

순간 음산한 웃음소리가 쇼타의 귀가 아닌 머릿속으로 전해졌다. 쇼타는 그 자리에서 얼어붙은 채 꼼짝할 수도 없었다. 웃고 있는 것은 놀랍게도 거울 속의 자신이었다. 처음에는 입 꼬리만 위로 올라갔지만 차차 얼굴 전체가 추악하게 일그러졌다. 그는 마치 쇼타를 조롱하듯 키득거리다가 이내 무섭게 얼굴을 굳히며 그를 노려보았다. 원망과 분노가 뒤섞인 그의 시선에 쇼타는 마음속 깊이 감추어 두었던 저열한 본심이 들켜 버린 듯한 기분이 들었다. 동시에 형용할 수 없을 정도로 극심한 공포에 사로잡혔다. 팔을 타고 돋은 소름이 목덜미까지 올라왔다.

"뭐, 뭐야?"

놀람이 가시자 이번에는 불같은 분노가 쇼타의 온몸을 휘저었다. 이 거울도 지아와 한별이 자신을 놀리기 위해 만들어 놓은 것만 같았다. 화가 난 쇼타는 선반 위에 놓인 꽃병을 집어 들어 그대로 거울을 향해 던졌다.

쨍그랑! 파지직!

꽃병은 거울에서 한참 위에 매달린 전구에 부딪히며 산산이 부서졌다. 동시에 전구에서 요란한 불꽃이 튀었다.

선명한 주황색 불꽃이 사방으로 튀자 쇼타는 당황했다. 잡동사니들과 벽지로 옮겨 붙은 불꽃이 눈 깜빡할 사이 시커먼 연기를 피워 올렸기 때문이었다.

"쇼타! 이게 어떻게 된 거야!"

등 뒤에서 지아의 목소리가 들려온 것은 바로 그때였다. 음료수를 흘리는 바람에 옷을 갈아입기 위해 방으로 향하던 지아가 한걸음에 달려왔던 것이다.

"불!"

화염은 벌써 새빨간 혀를 날름거리고 있었다. 지아는 도망가야 한다는 생각을 할 겨를도 없이 겉옷을 벗어 미친 듯이 불꽃을 후려쳤다. 어떻게든 불이 번지는 것을 막아야만 했다.

"쇼타! 너도 도와줘!"

하지만 공포에 사로잡힌 쇼타는 꼼짝도 하지 못했다. 불길 저쪽에서 거울 속에 비친 자신이 조롱하듯 바라보고 있었기 때문이었다. 결국 그는 지아의 곁을 그대로 스쳐 지나며 방을 뛰쳐나갔다.

"꺄아악!"

"불이야! 불!"

"손님들을 밖으로 모셔! 어서!"

조금 전만 해도 즐거운 웃음소리가 가득했던 파티장 곳곳에서 비명이 터져 나왔다. 어디신가 자욱한 연기가 새어 들어오나 싶더니 이내 천장에서 물줄기가 쏟아졌다. 화려한 드레스 위로 얼음물을 뒤집어쓴 여인들은 높은 비명을 질러 댔다.

챙강!

값비싼 와인병이 깨지며 피처럼 붉은 포도주가 스프링클러의 물과 함께 바닥으로 흘렀다. 요리사가 정성스레 준비한 음식들도, 갖가지 모양의 꽃들도, 한껏 모양을 낸 얼음장식도 사람들에게 밟혀 엉망이 되었다.

"지아야! 한지아!"

한별은 사람들에게 이리저리 치이며 지아의 이름을 목이 터져라 불러 댔다. 하지만 파티장 어디에도 지아의 모습은 보이지 않았다.

"저건……!"

벌써 밖으로 나갔나 싶어 포기하려던 순간, 한별의 눈에 하얗게 질린 얼굴로 2층 계단을 뛰어 내려오는 쇼타가 보였다. 쇼타는 그와 눈이 마주치자 순간 흠칫하며 시선을 돌려 버렸다.

한별은 한걸음에 그에게 달려갔다.

"너 이 자식! 지아 어딨어?"

"모, 몰라. 못 봤어."

하지만 어깨를 움츠리는 쇼타의 시선이 힐끗 2층 계단으로 향했다. 짧은 순간이었지만 한별은 그것을 놓치지 않았다.

"이 비겁한! 급하니까 그냥 보낸다. 하지만 만약 지아에게 무슨 일이 생기면 그땐 정말 가만 안 둘 줄 알아!"

한별은 물이 흥건한 바닥에 그를 내팽개치고는 계단을 뛰어올랐다.

스프링클러가 작동한 아래층과는 달리 2층은 연기로 자욱했다. 올라서자마자 한별은 코끝을 찌르는 듯한 매캐한 연기와 화끈거리는 열기에 숨을 멈췄다.

"지아야!"

젖은 소맷자락으로 입을 가린 한별은 자욱한 연기를 헤치며 지아의 이름을 불렀다. 그리고는 마침내 베란다로 통하는 복도 끝 방 앞에 죽은 듯 쓰러진 지아를 발견했다.

"한지아! 야! 눈 떠!"

한걸음에 달려간 한별은 지아의 어깨를 흔들었다. 그러기를 한참 만에 지아는 간신히 신음을 지르며 눈을 떴다.

"여긴…… 아악!"

움직이려던 지아가 얼굴을 찌푸리며 비명을 질렀다. 다리가 부러진 것이다. 연기를 들이마셔서인지 손가락 하나도 까딱할 수 없었다.

한별은 그런 지아의 어깨를 안으며 말했다.

"조금만 버텨. 내가 어떻게든 구해 줄게. 나만 믿으라고."

하지만 주변 상황은 그다지 좋지 않았다. 간신히 화염을 견뎌 내던 천장이 불꽃과 함께 무너져 내리기 시작한 것이다.

"꺄아악!"

"아악!"

한별은 비명을 지르며, 겨우 일어나 앉으려던 지아의 위로 몸을 던졌다. 동시에 육중한 천장의 마감재가 불꽃의 긴 꼬리를 그리며 두 사람의 머리 위로 쏟아져 내렸다. 온몸을 태울 것 같은 열기에 한별과 지아는 두 눈을 질끈 감았다.

그 순간 쩡, 하는 소리와 함께 엄청난 빛이 두 사람의 몸을 휘감았다. 지금까지 보았던 것보다 몇 배는 밝고 신비한 빛이었다. 빛뿐이 아니었다. 산산조각으로 부서진 거울의 파편들은 화염과 연기로부터 둘을 보호하려는 듯 두 사람 주위를 에워쌌다.

한별아, 그리고 지아야! 마지막으로 너희들을 위해 해 줄 일이 있어서 기뻐. 너희 둘과 함께 했던 여행이 지금까지 지내 온 길고 길었던 시간들 중 가장 즐거웠단다. 부디 안녕히…….

'누구? 누구지?'

지아와 한별은 누군가 속삭이는 듯한 그 음성을 마지막으로 의식을 완전히 잃고 말았다.

기세 좋게 타오르던 불길은 소방차가 도착하기 직전 스스로 힘을 다한 듯 잦아들었다. 새해 들어 처음 내리기 시작한 눈 때문인지도 몰랐다. 요란한 비상등을 울리며 소방차와 함께 도착한 소방관들은 건물 주변의 잔불을 정리한 뒤 금세 돌아갔다.

"지아야!"

"한별아! 강한별!"

소방관들의 만류에도 한 회장과 집사는 불길이 사그라지자마자 2층으로 달려갔다. 그리고 일제히 약속이라도 한 듯 멈춰 섰다. 한별과 지아가 사나운 폭풍이 쓸고 지나간 것처럼 폐허가 된 복도 한가운데에서 마치 잠이 든 듯 평온하게 누워 있었기 때문이었다. 그리고 그런 두 사람 주변에는 마치 별빛을 뿌려 놓은 듯 반짝이는 거울 조각이 둥그런 원을 그리며 흩어져 있었다. 한 회장은 믿어지지 않는 얼굴로 창고 방 안을 들여다보았다. 열기에 반쯤 녹아내려 고철덩어리로 변한 거울이 거기에 있었다.

한 회장은 당혹스럽다는 듯 다시 한별과 지아 쪽으로 시선을 돌렸다. 둘은 정말로 잠이 든 듯 고른 숨소리를 내고 있었다. 약간의 그을음이 묻은 것을 제외하면 다친 곳도 없어 보였다.

"이것 참……."

말을 잃은 한 회장에게 집사가 빙긋 웃었다.

"뭐가 어떻게 된 건지는 모르지만 둘이 잘 어울린다는 건 확실하지요."

"그래. 자네 말이 맞아. 둘이 아주 잘 어울려."

한 회장은 못 말리겠다는 듯 고개를 휘휘 저었다. 그리고는 너털웃음을 터뜨렸다.

겨울이 지나고 새 학기가 시작되었다. 방학 동안 지아의 집은 불이 났었다는 사실이 거짓말인 듯 말끔하게 수리되었다. 막 새싹이 움트기 시작한 잔디밭 뒤로 자리한 저택은 여전히 웅장하고 아름다웠다.

"빨리 안 가면 지각이야."

"이게 다 네가 늦잠을 자서 그런 거잖아! 입학식 날부터 지각이라니!"

저택의 길고 긴 진입로를 두 대의 자전거가 빠르게 내달렸다. 한 뼘쯤 키가 자란 한별과 지아였다. 선명한 학교 로고가 새겨진 짙은 감색 재킷과 하얀 줄이 그어진 넥타이의 새 교복을 입은 둘은 열심히 자전거 페달을 밟으면서도 말싸움을 멈추지 않았다.

"그건 아니지. 네가 나오다 말고 머리끈만 안 바꿨으면 벌써 도착하고도 남았어."

"어라? 그 다음에 축구화 안 챙겼다고 중간에 다시 돌아간 건 누구였더라?"

"그러는 동안 넌 집사님하고 아침 먹었잖아?"

"그럼 입 안에 밀어 넣어 주시는데 어떻게 해? 너도 한 입 먹어 놓고 딴소리할래?"

열심히 비탈길을 달려 올라온 덕분에 둘은 입학식에 간신히 늦지 않았다. 하지만 그 바람에 애써 정돈한 지아의 머리카락은 엉망이 되었다.

"아침 내내 손질한 건데."

뒤늦게 도착한 탓에 강당에 가득 모인 아이들의 시선이 모여들자 지아는 손가락으로 머리카락을 쓸어내리며 울상을 지었다. 한별이 그보다 더 엉망인 자신의 머리를 들이밀며 히죽 웃었다.

"괜찮아. 나도 엉망이지만 전혀 신경 안 쓰잖아."

"너야 입학생 대표가 아니니까 그렇지."

지아가 나지막하게 투덜거리며 선생님들이 주욱 늘어서 있는 단상 앞으로 다가갔다. 그리고는 남학생 대표인 준수 옆에 섰다.

"뭐, 뭐야. 저 녀석! 겁나게 잘 생겼잖아?"

큰 키에 뽀얀 피부, 여자보다 더 곱상한 얼굴의 준수를 발견한 한별이 입을 쩍 벌렸다.

엉망이라고 투덜대긴 했지만 긴 생머리를 찰랑이는 지아 역시 주변 사람들을 압도할 만큼 멋졌다.

"세상에……. 준수한테 어울리는 여자가 다 있네?"

"쟤가 바로 한지아야? 그 유명한 재벌 2세?"

"완전히 차도녀다, 차도녀."

"흑, 저런 애들이 왜 우리랑 같은 학교에 다니는 거야!"

다른 아이들 역시 한별과 마찬가지였는지 여기저기서 한숨과 탄성이 터져 나왔다.

"더 볼 것도 없이 올해 준수의 축제 파트너는 한지아로 정해졌네."

"그러게 말이야. 에휴~."

"정말 세상은 불공평하다니까."

아까부터 얼굴을 찌푸리고 있던 한별은 주변의 웅성거림이 점점 커지자 자신도 모르게 버럭 소리쳤다.

"야! 근데 이것들이……. 지아가 뭐가 어째? 지아의 파트너는 영원히 나 강한별 한 명뿐이라고!"

"말도 안 돼!"

동시에 한별의 옆에 서 있던 소녀 역시 고함을 질렀다. 한별이 움찔하며 돌아볼 정도로 큰 목소리였다. 소녀의 재킷에는 한별과 마찬가지로 그녀의 이름이 선명하게 새겨져 있었다.

"은……지효?"

지효가 준수를 짝사랑한 기간은 6년이었다. 초등학교에 입학하는 순간부터 오늘까지 지효의 관심사는 오직 준수뿐이었다. 지효뿐이 아니었다. 같은 초등학교를 다니던 여학생들 중 절반 정도는 준수에게 고백을 했었다. 그럴 때마다 돌아오는 것은 점잖은, 하지만 차가운 거절이었다.

다른 애들보다 예쁘지도, 특별한 것도 없는 지효는 고백할 엄두도 내지 못하고 있었다.

그런데 그런 준수가 지아라는 아이에게 다정한 미소를 보인 것이다. 지효의 기분은 순식간에 바닥으로 떨어졌다.

"둘이 진짜 잘 어울린다. 완전 커플이 따로 없네."

그 와중에 들려온 친구들의 목소리에 지효는 자신도 모르게 외쳤다.

"말도 안 돼!"

그러자 강당 안에 모인 사람들의 시선이 일제히 모여들었다. 당연히 그 속에는 준수와 지아, 그리고 한별도 포함되어 있었다. 지효의 얼굴이 단번에 새빨갛게 달아올랐다.

"아우, 창피해……."

"하필이면 같은 반이 될 게 뭐람."

지효는 교실 앞에 서서 들어갈 생각은 않고 한숨만 푹푹 내쉬었다. 길고 긴 교장선생님의 말씀 뒤에 이어진 반 배정에서 준수와 같은 반으로 묶인 것이다. 다른 때 같으면 뛸 듯이 기뻤겠지만 전교생이 다 보는 가운데서 망신을 당한 오늘만큼은 절대 준수와 마주치고 싶지 않았다. 힐끔 들여다본 교실 안에는 예상대로 준수가 다른 아이들에게 빙 둘러싸여 있었다. 지효는 다시 한 번 땅이 꺼져라 한숨을 내쉬었다.

"어휴, 그냥 조퇴할까? 첫날인데 해 주려나?"

"아마 힘들걸?"

"꺅!"

갑작스러운 목소리에 지효가 놀라 돌아서자 빙글빙글 웃는 한별과 지아가 보였다.

"너, 너희들이 왜 여기에……."

"우리도 너와 같은 반이거든. 못 들었어?"

한별은 손가락으로 자신과 지아, 그리고 지효를 번갈아 가리키며 말했다. 그리고는 장난기 가득한 얼굴로 힐끔 교실 안을 들여다보았다.

"으음, 네가 좋아하는 게 바로 저 녀석이구나?"

"으에엑! 무……, 무슨 소리야? 내가 언제 그런 말을 했어?"

당황했는지 지효는 얼굴을 새빨갛게 물들이며 목소리를 높였다. 지아와 한별은 피식피식 웃었다.

"굳이 말로 안 해도 얼굴에 다 쓰여 있어."

"암, 사랑하고 감기는 감출 수가 없다고 하잖아. 그나저나 고백은 했어?"

지효는 어깨를 축 늘어뜨리며 고개를 저었다.

"머리카락은 남자애처럼 짧고 키는 멀대같이 커서 귀여운 구석도 없는 데다가 예쁘지도 않은 내가 어떻게 고백을 하니? 나보다 예쁘고 귀여운 애들도 다 차였는데……."

지아가 손가락을 까딱까딱 저었다.

"그럼 보고만 있겠다는 거야? 그러다가 쟤한테 다른 여자친구라도 생기면 어떻게 하니? 역시 해 보지 않고는 모르는 거야."

"하지만……."

"용기를 내! 용기 있는 자만이 미남을 얻는 거라고. 희망을 가져. 그동안 고백했던 귀엽고 예쁜 애보다 너처럼 털털한 스타일을 좋아할지도 모르잖아."

한별도 지효의 어깨를 팡팡 두드리며 바람을 넣었다.

"정말 그럴까?"

"그렇다니까. 자자, 얼른 가 봐. 우리가 등 뒤에서 응원해 줄게."

어렵사리 결심한 듯 눈을 빛내는 지효의 등을 지아가 떠밀었다.

교실 문을 열자마자 쏟아지는 시선에 지효는 벌써부터 다리가 후들거렸다. 도망가고 싶은 마음이 굴뚝같았다. 하지만 결국 지효는 걸음을 옮겨 준수의 책상 앞에 섰다.

준수는 앉은 채로 무슨 일이냐는 듯 말끄러미 그녀를 올려다보았다. 그와 시선이 마주치자 그렇지 않아도 빨개진 지효의 얼굴은 이제 거의 검게 변했다.

지효는 터질 듯 두근거리는 심장소리를 들으며 주먹을 꽉 쥐었다.

"주, 준수야. 사실 나 계속 너 좋아했어. 나랑 사귀……."

지효의 말이 끝나기도 전에 준수가 또렷한 목소리로 말했다.

"싫어."

조선왕조 최고의 여성 정치가, 명성황후

조선의 국모로서 일본에 의해 죽임을 당한 명성황후는 모르는 사람이 없을 정도로 유명한 여인입니다.

수많은 TV 드라마와 영화, 오페라와 뮤지컬이 그녀의 파란만장한 일생을 그려 냈고, 당대의 가장 아름다운 여배우만이 명성황후라는 역을 차지할 수 있었습니다.

성리학을 숭시하며 님녀유별을 목숨같이 여기는 조선에서, 그것도 창살 없는 감옥과도 같은 구중궁궐에 갇힌 신세였지만 명성황후는 외세라는 격랑 속에서 조선을 지켜 내기 위해 많은 일을 하였습니다. 수많은 나라와 외교관계를 맺고, 변화를 받아들이려 노력했으며 유약한 고종 대신에 정국을 주도하기도 했습니다.

그 때문에 그녀를 경계하던 정적들에게 끊임없이 생명을 위협당했고, 끝내 믿을 수 없을 정도로 비참한 최후를 맞이합니다.

그럼 이제부터 혼란스러웠던 조선 말기를 자세히 들여다보기로 하겠습니다.

 태조 이성계가 문을 연 조선

　태조 이성계가 문을 연 조선朝鮮은 1392년부터 1897년까지 장장 오백 년 동안 한반도를 통치하던 왕정국가입니다. 이성계는 불교의 폐단을 경계하여 유교를 통치이념으로 하고, 지금의 서울인 한양을 수도로 삼았습니다.

　오백 년이라는 시간 동안 조선에는 뛰어난 왕이 많이 배출됩니다. 가장 먼저 떠오르는 것은 당연히 한글을 만든 세종대왕입니다. 세종대왕은 한글 창제뿐 아니라 과학기술 및 농업기술의 발달에 힘썼으며, 신분을 뛰어넘은 인재의 등용으로 조선 초기의 전성기를 꽃피운 왕입니다. 어린 조카인 단종에게서 왕위를 빼앗아 세간의 지탄을 받는 세조 역시 군제와 세제개편을 통해 왕권을 강화하는가 하면, 「경국대전」을 편찬하는 등 조선 왕실의 기반을 다지는 데 크게 공헌한 왕이지요.

　또한 조선 중기 영조는 노론과 소론 간의 치열한 당파 갈등을 탕평책으로 완화하여 제2의 중흥기를 이룬 왕입니다.

　그러나 지나친 유교 숭배와 성리학에 대한 집착으로 조선은 바깥세상과의 교류를 소홀히 여기게 되고, 그 결과 급격한 변화에 제대로 대응하지 못해 결국 서구 열강과 일본, 러시아, 중국 사이에서 혼란의 19세기를 보냅니다. 대원군과 명성황후를 필두로 하는 민씨 세력이 대립하던 시기가 바로 이때입니다. 그 갈등은 결국 명성황후의 비참한 죽음으로 끝을 맺게 됩니다.

　명성황후의 죽음 이후 사실상 조선은 멸망의 길을 걷습니다. 고종 이후 순종이 즉위를 하지만 그는 한국과 일본의 강제 합병문서를 위해 추대된 왕일 뿐이었습니다.

조선왕조 최고의 여성 정치가, 명성황후

이후 한반도는 1910년 8월부터 1945년 8월까지 36년에 걸친 오랜 일제강점기를 보내고, 8월 15일 마침내 대한민국이라는 이름을 되찾지만 안타깝게도 또다시 6.25라는 이념과 이념이 부딪히는 동족 간의 전쟁을 겪습니다.

한국전쟁은 약 20만 명의 전쟁미망인, 고아, 1천만 명에 달하는 이산가족을 만들었을 뿐만 아니라 한반도의 절반에 이르는 공업시설을 파괴하여 경제적·사회적 암흑기를 가져왔습니다.

하지만 대한민국은 몇 차례의 시민운동과 민주화 혁명, 88올림픽을 치르는 동안 '한강의 기적'이라 불릴 정도로 눈부신 발전을 거듭합니다.

현재 우리나라는 수많은 나라들과 밀접한 외교관계를 맺고 있으며 스포츠, 문화, 과학, 예술 등 많은 분야에서도 세계 여러 나라의 주목을 받고 있습니다.

 명성황후 VS 흥선대원군

명성황후와 흥선대원군 사이의 갈등은 국내외의 세력들이 복잡하게 뒤얽히며 많은 사건들의 시작점이 되곤 했습니다.

고종의 즉위와 동시에 섭정이 된 흥선대원군은 그때까지 권력을 독점하고 있던 안동 김씨 일파를 제거하며 하루아침에 권력의 핵심으로 떠오릅니다. 안동 김씨 때문에 세도정치에 대한 증오심이 깊은 그는 부모를 잃어 실질적으로는 고아나 다름없는 여흥 민씨의 후손 민자영을 고종의 비로 간택하지요.

권력을 잡은 대원군은 꿈에 그리던 왕권을 강화하기 위해 갖은 애를 씁니다. 왕실의 위엄을 높이기 위해 경복궁을 더 크게 짓고, 자신의 사가인 운현궁을 새로 단장하였으며, 그때까지 부동의 권력을 향유하던 사대부들의 근간이 되는 서원을 전격적으로 철폐합니다.

하지만 그 과정에서 그는 시대의 변화를 읽지 못하는 잘못을 저지릅니다. 백성들의 목소리가 담긴 동학운동을 잔혹하게 응징하는가 하면, 경복궁 재건에 필요한 자금이 모자라자 원납전이라는 무거운 세금을 징수하고, 당백전을 마구잡이로 발행하여 조선의 화폐제도를 뿌리부터 흔들리게 합니다. 또한 아버지의 묘가 도굴될 뻔했다는 소식에 크게 분노하며 서양의 것이라면 무조건 배척하는 쇄국정책을 고집합니다.

이런 대원군의 횡포를 더 이상 보지 못한 고종은 명성황후에게 손을 내밉니다. 세월이 흘러 지혜를 쌓은 그녀는 여성 특유의 유연함과 통찰력을 바탕으로 개화의 필요성을 역설하며 고종이 친정親政, 임금이 직접 나라를 다스림할 수 있도록 도움을 줍니다. 고종 역시 개화에 대해 호의적인 생각을 하고 있던 터라 둘은 곧 의기투합합니다.

안타깝게도 이 과정에서 명성황후와 고종의 세력이 되어 준 이들은 고작 여흥 민씨와 그 친족, 그리고 젊은 개화파 청년들입니다. 남녀유별을 강조하던 시대, 명성황후가 만날 수 있었던 남자들이란 친척들뿐이었으니 어쩌면 이것은 당연한 결과라고 하겠습니다.

대원군은 이를 또 다른 세도정치의 부활을 알리는 신호탄으로 받아들입니다. 1874년 명성황후의 가장 가까운 가족인 오빠 민승호의 집에서 폭탄이 터지는 사건이 발생합니다. 민승호와 그의 아들, 어머니 등 명성황후의 가장 가까운 가족들이 모두 사망하는 큰 사고였습니다. 범인으로 지목된 사람은 놀랍게도 대원군의

조선왕조 최고의 여성 정치가, 명성황후

부하! 대원군은 명성황후에게 본보기를 보여 그녀의 날개를 꺾을 셈이었던 것이지요. 하지만 그의 생각과는 달리 명성황후의 의지는 쉽게 가라앉지도, 부러지지도 않습니다. 분노라는 더 뜨거운 응어리를 품은 그녀는 더욱 더 자신의 친족을 보호하는 데 주력합니다. 대원군의 섣부른 행동이 도리어 진짜 세도정치의 막을 올린 셈입니다.

동시에 둘 사이는 건널 수 없는 감정의 골이 생겼고, 이는 시간이 지날수록 점점 더 깊고 넓어집니다. 그리고 결국에는 돌이킬 수 없는 지경에 이르고 말지요.

19세기 말 조선은 혼란의 소용돌이

명성황후를 중심으로 하는 민씨 세력이 권력을 장악하자 자연스럽게 조선의 대외정책도 조금씩 변하기 시작합니다. 고종과 명성황후는 '통리기무아문'이라는 개화정책 전담기구를 두어 미국, 영국, 독일, 러시아, 프랑스 등과 외교 관계를 맺었으며, 군대를 개혁하여 신식군대인 별기군을 창설합니다. 또한 일본에 신사유람단을, 청국에는 영선사를 파견하는 등 적극적으로 서양 문물을 받아들일 준비를 합니다.

하지만 오백 년간 조선의 주인임을 주장하던 유학자들과 백성들을 설득하는 과정을 생략한 빠른 행보는 또 다른 사회갈등을 일으킵니다.

가장 먼저 불만을 표출한 것은 구식군대입니다. 신식군대인 별기군과 차별받아 오던 구식군대는 1882년, 봉급으로 받은 곡식에 모래알이 섞여 있자 마침내 참지 못하고 폭발합니다. 그들은 별기군을 가르치던 일본군 장교들을 공격한 뒤, 명성황후의 오빠인 민겸호의 집을 불사르고는 그 길로 대원군에게 몰려갑니다. 고종의 친정으로 한 발 뒤로 물러나 있던 대원군은 군대의 위세를 빌어 단숨에 궁궐을 장악합니다.

하지만 다시 열릴 것 같던 대원군의 시대는 청의 개입으로 싱겁게 끝이 납니다. 이 일련의 사건이 바로 임오군란입니다.

임오군란의 결과 조선은 일본에게 막대한 배상금을 지불하고, 일본 공사관에 군대를 주둔케 하는 제물포 조약을 체결합니다. 또한 서구의 여타 열강들에게 조선이 아직 청의 영향력 아래 있음을 스스로 증명하는 셈이 되고 말았지요.

임오군란 이후에도 고종은 개화의 의지를 완전히 버리지 않습니다. 그와 명성황후는 김옥균, 박영효를 일본으로, 서광범을 미국으로 보내는 등 젊은 청년들을 끊임없이 해외로 파견합니다. 두 사람의 기대대로 젊은 청년들은 조선으로 돌아와 열렬히 개화를 부르짖습니다. 하지만 대원군의 집권 하에서 개화는 요원한 일이었고, 최종 결정권을 가진 고종은 우유부단했지요. 설상가상 명성황후에게 지대한 영향을 미치던 민영익 등 민씨 일가가 쇄국 쪽으로 돌아서자 개화파들은 극단적인 방법을 동원합니다. 무력에 의한 신정부 수립이 바로 그것입니다.

1884년 10월 17일, 우정총국 낙성식 때 한양에 주둔 중이던 청의 병사들이 베트남에서 벌어진 프랑스와의 전투로 자리를 비운 사이 개화파는 서재필, 신복모, 박영효 등을 앞세워 정변을 감행했습니다. 이들은 고종과 명성황후를 강제로 경우궁에 감금하고 그 다음 날인 18일에 신정부 수립을 선포합니다.

이때 이들 신정부가 발표한 조항 중에는 신분제도를 폐지하고 평등사상과 인권

조선왕조 최고의 여성 정치가, 명성황후

을 강조하는 등 당시로서는 혁명적인 것들이 포함되어 있었습니다.

　목숨의 위협을 느낀 명성황후는 그날 밤, 밥사발에 쪽지를 숨기는 기지를 발휘, 청국의 공사 위안스카이에게 연락을 넣는 데 성공합니다. 연락을 받은 위안스카이는 남아 있던 병력으로 단번에 개화파들을 소탕하고 고종과 명성황후를 구해 냅니다. 19일 밤 김옥균, 박영효, 홍영식, 서광범, 서재필 등 핵심인사가 일본으로 망명하며 갑신정변은 삼일천하로 끝이 나고 말지요.

열강들의 세력다툼 한가운데 서다

　단 3일 만에 끝난 갑신정변은 조선과 그 주변국을 한꺼번에 요동치게 만들었습니다. 청과 팽팽한 긴장상태를 유지하던 일본은 개화파들에 의한 대원군의 실각과 고종과 명성황후를 구한 청의 득세에 불안한 나머지 대규모의 군대를 조선으로 불러들입니다. 청 역시 이들을 견제하기 위해 더 많은 군대를 보냅니다.

　명성황후는 일본과 청 두 나라를 동시에 견제할 목적으로 제3국, 즉 러시아에 손을 내밉니다. 부동항에 대한 염원이 강했던 러시아는 명성황후의 제안을 반깁니다. 조선은 태평양과 아시아 대륙을 잇는 지정학적 요지에 자리하고 있었기 때문이지요. 하지만 이것은 뜻밖에 영국을 자극하고 맙니다. 당시 영국은 해가 지지 않는 나라라고 불릴 정도로 대제국을 이루고 있었습니다. 그리고 그런 영국을 유일하게 견제할 수 있는 나라가 바로 러시아였던 것입니다.

　러시아의 남하에 긴장한 영국은 재빨리 거제도를 점령해 버립니다. 이에 이미 일본과 통상조약을 맺은 미국과, 중국에 진출해 있던 프랑스 등도 조선의 정세에 비상한 관심을 보입니다. 조선은 한순간 서구 제국주의 열강들의 각축장으로 변해 버리고 만 것입니다.

 을미사변 이후 탄생한 대한제국

일본의 내정 간섭은 점점 심해져 급기야 갑신정변을 일으켰던 박영효와 김홍집을 중심으로 한 내각까지 강요를 받습니다. 고종과 명성황후는 더 이상 참지 못하고 친미, 친러 중심의 인사들을 전면에 내세워 외교전을 펼칩니다. 때마침 일본의 대륙진출을 경계하던 프랑스, 러시아, 독일 3국 연합이 청일전쟁 결과로 일본이 강점하고 있던 랴오둥반도遼東半島, 요동반도를 청에 반환하라며 압박을 하게 되죠. 그리고 그에 발맞추어 조선 내에서는 일본 세력을 축출하려는 움직임을 보입니다.

조선 내에서 지금까지 쌓아 올린 기반이 흔들리자 일본 공사 미우라는 최후의 수단으로 명성황후를 암살할 계획을 세우고 실각한 대원군과 손을 잡습니다.
그리고 마침내 1895년 음력 8월 20일, 일본의 암살자들이 왕비의 침실인 옥호루玉壺樓에 난입하여 명성황후를 시해하고 그 사체를 훼손하는 만행을 저지릅니다. 바로 이 사건이 유명한 을미사변입니다.

명성황후의 비극을 전해 들은 고종은 다급히 러시아 공관으로 몸을 피한 뒤,

1897년 덕수궁으로 환궁하여 대한제국을 선포합니다. 이로써 조선이라는 국호는 영원히 역사 속으로 사라지게 되지요. 그리고 그때 비로소 민자영은 민비가 아닌 명성황후라는 시호를 받게 됩니다.

명성황후의 일생과 업적

조선의 국모하면 가장 먼저 떠오르는 이름은 바로 명성황후입니다. 조선왕조의 여인 중 그녀만큼 적극적으로 정치의 전면에 나서서 또렷이 역사 속에 발자취를 남긴 사람도 없다는 뜻이겠지요.

1851년, 인현왕후를 배출한 여흥 민씨의 후손 민치록의 딸로 태어난 그녀는 어렸을 때 어머니를, 9살에 아버지를 잃고 천애고아가 됩니다. 그런 그녀에게 손을 내민 사람은 흥선대원군의 부인이었습니다. 그녀 역시 여흥 민씨로, 친척인 자영의 딱한 처지를 그냥 보아 넘길 수 없었던 것이지요.

대원군이 고종의 부인, 즉 중전으로 그녀를 고른 것은 세력이라고는 하나도 없는 그녀의 처지 때문입니다. 하지만 대원군의 예상과는 달리 명성황후와 그녀의 가문인 여흥 민씨는 안동 김씨에 버금가는 세도가로 변신합니다.

명성황후가 남긴 희생의 리더십

명성황후가 가진 가장 강력한 무기는 군대도, 돈도 아니었습니다. 오랜 시간 다

져온 지식을 바탕으로 한, 청과 일본, 러시아, 프랑스 등 열강들 사이를 오가는 아슬아슬하고 현란한 외교술이야말로 그녀를 철의 여인 은 조선의 여우라고 불리게 만든 힘이었습니다.

쇄국만을 부르짖던 대원군에 반해 그녀는 결코 피할 수 없는 변화의 물결이 밀려옴을 알아채고 있었습니다. 그녀는 쇄국파와 극단적 개화파 사이에서 동양사상과 서양문물을 절충하려는 동도서기의 정책을 주장합니다. 또한 오경식과 박규수 등 개화파 인사들과 교류하며 허례허식을 버리고 실용을 강조하기도 하지요.

이런 그녀의 주장은 급진개화파와 수구척사파에게 동시에 배척받습니다. 하지만 이것은 그만큼 그녀가 둘 사이의 균형을 잘 잡았다는 뜻이기도 합니다.

하지만 그녀의 일생 중 가장 빛나는 때는 역설적이게도 죽임을 당하는 순간입니다. 그녀의 죽음으로 인해 고종은 대한제국 선포를 앞당길 수 있었으며, 무수한 백성들은 을미의병이라는 이름으로 들불처럼 일어나 일본에 저항했습니다. 비록 저항운동은 실패하여 일제강점기를 맞았지만, 그때의 저항정신은 이후 독립군에게로 이어져 독립운동의 한 축이 되었음을 의심할 여지가 없겠지요.

여러분도 가족이나 친구를 위해 자신의 의견을 접어야 하는 순간이 있었을지도 모릅니다. 그럴 때마다 모든 것을 던져 마침내는 모든 사람들의 가슴속에 스며든 명성황후를 떠올려 보세요. 때로는 버리는 것이 가장 아름다운 미덕이 될 수도 있습니다.